自治体
プロジェクトマネジメント
入門

協働による地域問題解決の手法とツール

矢代 隆嗣

公人の友社

自治体プロジェクトマネジメント入門
協働による地域問題解決の手法とツール

目　次

はじめに
　　　自治体職員に求められるプロジェクトマネジメント能力… 5

　1　問題意識……………………………………………………… 6
　2　本書のねらい………………………………………………… 10
　3　【事例1：地域の問題解決のための
　　　　　　　NPOと行政との協働事業】……………… 12
　4　【事例2：地方分権化により、
　　　　　　　地域主体で実施した新たな事業展開】… 16
　5　本書の構成…………………………………………………… 26

Ⅰ　プロジェクトとは何か……………………………………… 29

　　Ⅰ－1　プロジェクトとは ……………………………………… 30
　　Ⅰ－2　プロジェクトの特性 …………………………………… 32

目　次

Ⅱ　プロジェクトをマネジメントすること……………………39

Ⅱ－1　なぜ、プロジェクトを
　　　　　マネジメントしなければならないのか……40
Ⅱ－2　プロジェクトの「何」をマネジメントするのか……53
Ⅱ－3　「何」を「いつ」、「どのように」
　　　　　マネジメントするのか……………58

Ⅲ　プロジェクトプロセスをマネジメントすること………………67

Ⅲ－1　プロセスをマネジメントする……………………68
Ⅲ－2　企画段階で重視すべきマネジメント………………72
Ⅲ－3　計画段階では「何」を「どのように」
　　　　　マネジメントするのか……80
Ⅲ－4　実施段階で重視すべきマネジメント……………102
Ⅲ－5　完了段階で重視すべきマネジメント……………110

目　次

Ⅳ　プロジェクトリーダーになった時に心がけたいこと……… 117

　Ⅳ―1　プロジェクトリーダーが重視すべきこと………… 118
　Ⅳ―2　リーダーシップ発揮に参考にしたいモデル……… 124

あとがき……………………………………………………… 129

【主な参考文献】…………………………………………… 131

はじめに

自治体職員に求められるプロジェクトマネジメント能力

1　問題意識

　地域が主体となって進める独自のまちづくりにおいて直面する課題の多くが各部門だけによる取組みに限界があるため、現在、多くの自治体では、新たな課題に対して、部門横断、または外部組織との特別なチームを組織化し、一定の期間、資源で行う"プロジェクト"による取り組みが多種多様なテーマで増加している。地域主体のまちづくりにおいて中核的役割を期待される自治体職員は、その担当政策領域において今後、増加するプロジェクトを舵とりながら地域問題解決を実現することが求められる。

　筆者が実施した「地域の問題解決のためのNPOと行政との協働事業（事例1）」や「地方分権化により地域主体で実施した新たな事業展開（事例2）」のプロジェクトに関する事例研究[1]において、担当職員による目標実現に向けたプロジェクトプロセス（企画、計画、実施、完了）の舵とり（マネジメント）がプロジェクト成果に大きく影響したことが確認されており、プロジェクトマネジメント能力を発揮している職員が地域主体のまちづくりに大きな貢献を果たし、着実に前進している地域がある一方で、現状、自治体内、地域で行

1　『地域主体のまちづくりで「自治体職員」が重視すべきこと』(2015)、『ＮＰＯと行政による《協働活動》における成果要因』(2013)

われている多くのプロジェクトの実態からは、不十分な目的達成度、期間途中での予算オーバー、または納期遅延などが生じて、期待通りの成果が享受できていないという報告は少なくない。こうしたプロジェクトの現状から、今後増加する"新たな課題"を"多元的主体間での協働"で推進するプロジェクトをいかに効果的、効率的に展開できるかということが地域経営の重要な課題と言える。

　プロジェクトの実態に関する報告としては例えば、（1）地域協働の推進策として協働事業提案制度が運用されている。応募促進のためにセミナーやワークショップが行なわれ、公募された提案を審査委員会での審査を経て選ばれた事業でも途中での中止や活動としてイベント、講座などは行ったが本来の目的である地域の問題解決につながらなかった協働事業があること。

　（2）高齢者福祉のための地域包括センターや子育て支援サービスとしての学童クラブ（学童保育）などの委託化を進める取り組みにおいて、委託後、サービス利用者から多くのクレームを受ける。行政はその対応に追われ、求められる新たな役割遂行が不十分であったり、サービス内容の改善を行おうにも業者の意欲、能力が不足で進まないこと。

　（3）マラソン大会や地元産品の販促など地元住民、生産者、関連団体、関連業者と連携して行うイベントにおいて、準備の途中で開催当日に間に合わないことが明らかになり、急きょ、他の部門に協力依頼をせざるを得なくなったり、開催日前の1週間は徹夜続きとなってしまうこと。そして、実施中、計画でチームが想定していなかったことの発生や運営予算の不足によりイベントが中断・中止となったこと。または、イベントは実施したが、本来の目的が達成できなかっ

たこと。

　（4）既存事業の効果的、効率的運用に向けた事業評価システムなどの制度構築、導入の取り組において、導入しても形式的運用のため、本来の目的が実現できないだけではなく、膨大な運用コストが発生していること。

　（5）空き家など新たな課題に向けて、関連しそうな部署が集まって検討をはじめても、どの部署も腰が引け、担当を押し付け合い、議論が進まないこと。　（6）外部の関連組織と審議会を運営して課題解決策を決める場において、参加者が所属する組織利害を前提した意見をすることから議論がまとまらないことや、まとまっても抽象的で地域の解決策として具体的でないこと。そして、内容が抽象的なので実施段階で変更が生じたり、停滞してしまうことなど、莫大な費用、時間をかけ、人材を投入しても、本来の目的が達成できない"失敗と評価されるプロジェクト"が多く見受けられているとともに、同じような失敗が繰り返されている。

　これらの現象の背景には（ア）目的が曖昧、メンバー間での目的・目標が共有できないまま活動することを重視していること。（イ）手段ありき（典型例は既にどこかで行っているモノマネ）で実施することを優先すること。（ウ）活動継続を停滞、中断させる障害（リスク）や制約を甘く見積もること。そして（エ）場当たり的な展開になること。また、新たな取組の特徴は（オ）制度、手続きなど形式構築を重視し、その徹底、定着までに意識がいかないこと。このことは（カ）準備に時間をかけるが実施がやりっぱなし、評価をしない。つまり、（キ）活動はしたが本来の目的は達成できない結果を評価し、次に活かしていない。また、外部との連携面からは（キ）自らが展開のイ

ニシアティブをとらず、専門家に過度に依存する傾向が見受けられることなどが挙げられる。

　このような取り組み結果は、従来の業務とは異なるプロジェクト業務ゆえに起こる現象とも言えるが、ここで共有したいことは、取り組みをしたにもかかわらず、問題が解決されていないこと。取り組みにかけた時間、費用が活かされていないことであるが、重視しなければならないことは、失敗であってもその経験が次に活かされず、同じことを繰り返していることである。

　今後は地域が主体的、責任を持って限られた資源を有効に活用しながら地域問題に対して責任を持って解決することが求められている。そして、その地域問題解決は過去の経験や他地域の成功例のマネでは限界がある。多彩な主体との連携や限られた資源を有効に活用することが求められることから、従来の業務の進め方とは異なる取り組みであるプロジェクト業務の特性に合わせた活動で成果を生み出すための考え方、進め方を展開することが求められるのである。めざす地域づくりにはプロジェクト業務は多くなる。しかし、それは従来の業務とは異なる面が多いため、全ての自治体職員は地域問題を解決するためにプロジェクトマネジメント能力の開発・強化が求められるのである。

2　本書のねらい

　地域主体のまちづくりにおいて中核的役割を期待される自治体職員は、その担当政策領域において今後、増加するプロジェクトを舵とりながら地域問題解決を実現することが求められる。本書はプロジェクトを展開する自治体職員が成果を出すために求められるプロジェクトマネジメントの基本的な考え方、進め方(「何」を、「いつ」、「どのように」マネジメントするのか)やプロジェクトプロセス(企画から計画を経て、実施し、完了するまでの一連の過程)において、利用する手法・ツールの活用方法を理解し、現場での実践に活かすことを目的としている。

　プロジェクトは従来の業務とは異なることから、本書では今後、自治体が展開するプロジェクトは地域の問題を解決するというアウトカム志向での推進が求められること、プロジェクトに慣れていないメンバー間で行うこと、そして住民を含めて多彩なステークホルダーがいることなど"自治体のプロジェクト特性"に合うようなプロジェクトマネジメントの内容にしている。

　先に述べたようにプロジェクト業務は従来から行われている業務とは異なるため、プロジェクト業務に適した業務遂行能力を習得していく必要がある。プロジェクトマネジメント能力の開発・強化は

プロジェクトの実体験を通じて習得することが効果的である。なぜならば、プロジェクトは反復性がなく、独自性を持つため状況に応じた対応力が求められるからである。その実体験は効果的、効率的な能力習得につながる'良い経験'が望ましく、本書は'良い経験'をするための考え方、進め方、そして、具体的な手法、ツールを提供している。

3 【事例1：地域の問題解決のための
　　　　　　ＮＰＯと行政との協働事業】

（1） A市の展開

　A市では協働のまちづくり条例をつくり、協働提案事業を行っている。事例研究の対象とした協働事業の名称は、「市民後見人養成事業」であり、平成20年度から3年間実施された。当協働事業がめざしているのは、「高齢や障害のため判断力や意思伝達力が不十分な人たちが、地域の中で普通に人間らしく生きていくため」の街の姿である。当該協働事業の3年間の成果は、「被後見人候補者を早期発見し、個々の状況に適した後見人サービスを迅速に提供する基盤の整備とサービス提供」の実現と言える。それを示す状況（協働事業後の変化）として、協働期間内での直接的な変化では、市長申し立て件数が増加したこと。その前提となる後見人相談件数が増えたことなどが挙げられる。また、市内で質の高い後見サービスを提供する法人後見人が生まれ、評価の高いサービスを提供しているとともに、早期発見し、迅速、適切な後見サービスを提供するための連携の形が構築され、定着し始めている。

（2）成果要因

1）成果要因

　当該事例研究を通じて、NPOと行政との協働事業において、成果に影響を与えたと思われる要因について、①協働関係、②参画者（協働参画の組織、個人）、そして、③事業マネジメントの観点から次のような内容が整理できた。①協働関係では、（a）目的（趣旨）が明確にされ、共有されていること、（b）役割分担が明確にされ、実施されていること、（c）対等の関係性が維持されていること、（d）信頼関係が構築されていること、（e）関係者間で密なコミュニケーションがとられていること、次に、②参画者（協働参画の組織、個人）については（a）（テーマ領域の）問題解決に対する使命感を共有していること、（b）成果実現志向であること、（c）（テーマ領域の）問題解決に適切な専門能力を発揮されていること、（d）自立した組織であること、（e）自己変革していること、そして、③事業マネジメント面では、（a）計画段階で具体的な成果目標設定とその実現の方法を設計し、共有していること、（b）適時適切な進捗管理と活動の節目毎・年次で評価し、次に活かしていること、（c）適切な資源調達、管理されていること、（d）活動結果を適切に公開、説明責任が行われていること、（e）ステークホルダーとの良好な関係が維持されていることである。

2）核となる要因

　当事例の協働事業において成果を生み出した背景を要約すると、

「問題意識と解決意欲と能力を持った人材が専門職、現場職員と積極的に関わることで、具体的な目標（市民後見協力員構想とNPOの組織改革）を生みだし、その目標実現への具体的行動が市民、関連組織を巻き込み、それが支援や連携につながり、成果である基盤づくりができた」と整理できた。そして、成果から逆に協働活動を辿っていくと、成果の起点は'問題意識と解決意欲を持つ'とともに、'多元的主体による活動を成果に向けて舵取った'個人に行き着いた。つまり、"使命感を持ち、成果志向のプロセスマネジメント"をした個人が核となる成果要因として挙げられた。

（3）プロジェクトマネジメントの観点からの整理

プロジェクトマネジメントの観点からは、（2）の成果に影響を与えた要因を整理した3つ視点の中の③事業マネジメントの5つの項目が成果に大きく影響している。なお、この5つの活動は、①、②にも影響を与えている。特に、①では常に目的や役割を意識しつづけること。また、はじめは薄かった信頼関係も着実に成果に進むことで信頼する関係が構築されていった。②では、事業の目的、目標を明確にしながら、展開したこと。その実現へ組織が変わり、自立した事業体へ成長したことなどの背景には協働事業を成果に向けて舵取り（プロセスマネジメント）が大きいと言える。

このプロセスマネジメントが協働事業という多彩な組織、個人が参画する考え方、価値観、経験、能力が異なる活動において、事例からは次のマッチングが成果に貢献したと言える。（ア）問題意識・解決意欲とテーマについての知識、能力のマッチング、（イ）NPO

提案テーマと行政方針のマッチング、(ウ)テーマと地域ニーズとのマッチング、(エ)テーマ関連組織・専門職間(NPO,行政、地域包括センター、後見人を受任できる専門職、社会福祉協議会)のマッチングである。そして、これらのマッチングは個人間、組織間をつなぎ、そして、地域としての面としての基盤を形成した。協働事業におけるこれらのマッチングはどれもはじめはズレが生じていたが、事業活動を通じてマッチさせるマネジメントが成果に大きく影響したと言える。

4 【事例2：地方分権化により、
　　　地域主体で実施した新たな事業展開】

(1) B市の展開

　事例研究の対象はB市の介護保険課の介護保険制度における地域密着サービス創設に関わる取り組みである。事例研究の目的は、(ア) 介護保険制度が地域主権のさきがけの位置づけとされていたこと、(イ) 2006年の改正において更に地域ごとの取り組みに特色が出る機会であったこと、そして、(ウ) 多くの自治体が導入段階で混乱したことなどから成果を出した自治体の取り組み内容を研究し、どのような取り組みが成果に影響を与えたか、その背景には何があったのかを析出することが目的であった。

　2000年4月からスタートした介護保険制度において、第3期にあたる2006年4月施行の介護保険法改正によって市町村には高齢者が住み慣れた地域で尊厳ある生活の継続を目的に地域包括ケアを推進する仕組みづくりと運用が求められた。介護給付を行うサービスは民間業者が地域密着型サービスを行い、予防給付を行うサービスは「地域包括支援センター」(以下、包括センター) が新たに設置され、そこが住民に対してケアプランを提供する。市町村の役割は

保険者とし委託する地域包括支援センター運営主体法人の指定・監督を行うことである。

　B市は基幹在宅介護支援センターが地域包括支援センター（以下、包括センター）に移行する形で直営でのスタートとしたが委託方式導入との経営判断がされ、プロジェクトチーム体制で委託するための準備に入り、委託化が実施された。さて、委託化が行われた他の自治体の報告では介護支援事業者に所属するケアマネジャーが地域で認知した虐待を報告・相談しても、包括センターが動いてくれないなど、民間ケアマネジャーなどからのクレームが出たことや、「総合相談支援」や「権利擁護」について、利用者のニーズに適切に対応できない状況に直面した。こうした状況は地域での適切なニーズの早期発見・早期対応を通じて、不必要な重度化を防止することに包括センターが貢献していないことになる。このような他の地域に対して、B市での委託化は大きなトラブルもなく順調にすべり出し、早期安定化が図られた。それが評価され、当時雑誌取材も受けている。

（2）成果要因

1）成果に影響を与えた要因

　事例研究を通じて、B市の成果に影響を与えた要因が①準備段階、②実施段階、③参画団体間の関係、④地域の政策領域の関係団体、そして、⑤参画組織に所属している人材の5つに区分で整理された。

　まず、①準備段階では、（a）現場で機能する業務フロー・分担を設計したいこと。（b）リスクを含めた計画を策定したこと。（c）事業遂行力のある委託先を選定したいこと。（d）顔の見える関係構

築を重視したこと。次に、②実施段階では、(e) 市が実践的な委託先自立化促進支援を行ったこと。(f) 包括センターの人材育成が実践的に行われたこと。(g) 求められている役割分担を徹底したいこと。(h) 実施後は実態に合わせた対応をおこなったこと。③参画団体間の関係では、(i) 市と委託先の信頼関係の中で事業展開がされたこと。(j) 市と関連団体とに信頼関係が築けていたこと。④地域の政策領域の関係団体では、(k) 地域高齢者ケアの基盤（団体・個人）が活かせたこと。そして、⑤参画組織に所属している人材については、(l) 成果志向・現場重視の導入プロジェクトメンバーとチームであったこと。(n)リーダーが事業プロセスをマネジメントしたことであった。

2）核となる要因

（a）から（n）の14要因の内容から次の5つが導かれた。「①成果志向・現場重視の事前準備をしたこと」、「②成果志向・現場重視の定着化策を展開したこと」、「③市と委託先が成果志向の信頼関係の中で事業展開ができたこと」、「④既存の地域高齢者ケア基盤との連携ができたこと」、そして、「⑤成果志向・現場重視の人材が参画していたこと」である。これらがB市の成果に強く影響を及ぼした要因と言える。以下で項目毎に整理する。

①成果志向・現場重視の事前準備ができたこと

めざす姿を実現のために、(ア) 地域状況に適した業務フロー・分担設計を行うとともに、(イ) 想定されるリスクを踏まえた、(ウ) 具体的な委託化計画を策定した。つまり、事前準備の重要性の認識

を持ち、事前準備を具体的に行うことが、実施後のトラブルを未然に防ぎ、早期の安定化につながったと言える。特にリスク対応については、はじめての事業を委託化することによるリスク対応の必要性を発想できることからはじまり、その上でリスクを的確に洗い出し、そして、適切な対応策を策定すること、それを計画に組み込んでいた。

②成果志向・現場重視の定着化策を展開したこと

委託後は、(ア)委託先の自立化を促進する支援している。そのアプローチは単に委託基準に基づいた指示・指導ではなく、自らの直営経験に基づく内容を包括センターの職員・管理者が納得できるように密なるコミュニケーションを通じて行っている。なお、(イ)地域の高齢者ケア団体の支援もサービス提供の技術面から自立化を促進した。また、ユーザーへのサービス品質維持の観点から、(ウ)各包括センターのサービス提供について、現状把握・品質維持の仕組みを運用しながら状況を確認しながら成果に向けての方策を通じて定着化を図っている。

③市と委託先が成果志向の信頼関係の中で事業展開ができたこと

市と委託先の間に成果実現のパートナーとしての信頼関係の構築ができ、その中で新たな事業定着化への連携が図られた。この背景には委託後の実践において、参画者の使命感・成果志向と密なるコミュニケーションをベースに着実な成果を参画者間で共有したことが読み取れる。

④**既存の地域高齢者ケア基盤との連携ができたこと**

　新たな取り組みに地域の高齢者ケアのステークホルダーを巻き込み、連携によって地域の基盤を進化させていくという既存の基盤を活用しながら住民福祉増進への地域の価値を高めることになった。例えば、専門職の連携が事例研究を通じて、その重要性、連携の仕方を医師からの説明で専門職が自覚し、具体的な連携活動につながり、包括センターの提供サービスの質を高めた。こうして新たにできた包括センターが点のままではなく、関連団体との線がつながり、結果的に地域として面で対応できる体制ができたと言える。

⑤**成果志向と現場重視の人材が参画していたこと**

　参画した人材は使命感を持ち、成果志向と現場を重視する能力を持っていた。高齢者が地域で尊厳を保持して生活を継続できるように支援することを実現したいという使命感をもとにしながら、新しい取り組みを'手段・ハード重視の形式志向'ではなく、'目的志向・ソフトウェア重視の成果志向'を持ち、現場重視の仕組み設計力と定着化能力が発揮できる人材、チーム、組織で展開された。B市の事例では'直営経験'が委託化での成果に影響を与えたことが読み取れるが、人材面で押さえておかなければならないことは、直営経験からリスクを洗い出し、対策につなげる能力を持った人材がいたことである。直営を経験していても、この能力の発揮する人材がいなければB市の成果にはつながらなかった。よって、このような意欲と能力のあるメンバーが展開する場合、直営経験をしていなくとも別のアプローチを工夫しながら成果を生み出すことができたとも考

えられる。

3）要因間の関係

B市の成果の背景には成果志向・現場重視の観点から細かく丁寧な包括センターへの引継ぎ、具体的な支援（自立化促進）、市の役割（自覚と仕組み化）が適切に行われたことにあった（②：成果志向・現場重視の定着化策を展開したこと）。それができたのは業務フロー・分担計画などを含めた地域で機能する事前準備を具体的に策定したこと（①：成果志向・現場重視の事前準備をしたこと）と実施の定着へ向けての市の現場視点での支援による委託先の自立化促進であった。そして、それができたのは市と委託先との信頼関係の構築があった（③：市と委託先が成果志向の信頼関係の中で事業展開ができたこと）に加え、従来からの市の高齢者ケアの施策展開による高齢者ケア地域基盤が活かされた点がある（④：既存の地域高齢者ケア基盤との連携ができたこと）。そして、これらの背景には市の成果志向と現場重視の専門職人材・チームの存在（⑤：成果志向と現場重視の人材が参画していたこと）がある。つまり、B市の成果の背景にはプロジェクトにおいて、①と②を適切に展開したこと。それを⑤かじ取りした人材がいたことになる。

（3）プロジェクトマネジメントの観点からの整理

B市の事例から、本書のテーマであるプロジェクトマネジメントの観点から地域主体で新たな取り組みにおいて成果に影響を与えたのは「①成果志向・地域特性に適した事前準備が行われること」と「②

成果への定着化のための適切な支援が行われること」であり、今後、地域独自の仕組みづくりで成果を生み出すために重視すべきことと言える。以下で個別に活用ポイントを説明していく。

①成果志向・地域特性に適した事前準備が行われること

まず、事前準備の重要性を認識することが重要である。次に、その地域において、成果が実現できるような事前準備をどこまでの内容を創り上げなければいけないかを認識することが重要である。事前準備としては、具体的には計画を策定することになるが、その構成要素である（ア）めざす姿、（イ）地域の実情、（ウ）そこからの課題設定、（エ）課題解決のための対策（リスク対策も含む）、（オ）対策を進める体制とスケジュールを創り上げ、関連者で共有する。共有しなければならないのは、（ア）から（オ）である。

事例での（ア）は高齢者が地域で尊厳を保持して生活を継続できるように支援することを実現であり、包括センターをつくることではないという認識を持つことは重要であるが、5つの中で核となるのが、（ウ）の設定とその克服策として（エ）の策定である。（ウ）は（ア）を実現するために必要な方法、資源が地域にあるのかという（イ）地域の実情との比較を適切に行う必要があり、それらを行うことで、地域が着実に実現できる方法とそれに伴うリスクの洗い出しができる。そして、（エ）ができた上で、それを着実に実行しながら（ア）を実現するための（オ）適材による体制、無理のない活動スケジュールの構築につなげていく。そして、（エ）における核は、地域に適した、地域で動く仕組みづくりである。具体的には"利用者起点の「業務フロー・分担」"の設計である。事業に関係する団

体の役割を前提に、利用者が満足できるように利用者起点で効果的、効率的な団体間の業務フローを設計する。その上で各団体内の業務分担や内部処理手続きを設計する。さらに描いた業務フロー・業務分担設計が実現するための「想定リスクの洗い出しと対策立案」である。そして、後者は（オ）のスケジュールに組み込んでいく。こうして成果実現に必要な事前準備をするためには、（ア）から（オ）を関連づけながら適切に設計（デザイン）することが求められる。

②成果への定着化のための支援が行われること

　実施後、描いた設計通りに動くことよりも新たな取り組みの目的を実現するため、つまり実施後における活動について、適時適切なモニタリング・評価と改善することが求められる。特に、事例のように委託化を選択した場合、新たな事業ノウハウが弱い委託先には、（ア）パートナーとして問題解決型（成果志向）コミュニケーションをとりながら協働で取り組む関係を持つとともに、（イ）パートナーの自立化に向けた支援を市が中心となり仕掛けることの一方で、（ウ）モニタリング（報告による状況確認）と早期・適切対応も市が核となって行うことが新たな取り組みの早期定着化につながる。重要な点は、例え委託契約での関係であれ、パートナーが新たな取り組みに慣れていない状況であれば、行政が基準をもとに形式的な指示、指導するのではなく、自立できるように実務的な"支援"することが求められるということを認識することである。このように成果実現のために必要な"支援"をするためには、支援される側の状況に合わせて、適切なノウハウの提供と密なるコミュニケーションが求められる。

　さて、地域住民の福利向上のために協働で事業展開をする場合、

参画者間の信頼関係が重要である。そのためには、お互いの役割を自立的に遂行することであるが、③では、必要に応じて密なコミュニケーションをベースに市の支援を受けながらの連携を通じて、着実に課題解決を仕上げていく取り組みが求められる。信頼関係はこの過程で生まれ、醸成される。よって、事業パートナーとして適切な団体の選定をし、事業開始後はその事業内容評価を適切に行い、成果実現度の説明責任を果たすことができる仕組みの運用が必要である。B市の事例を通じて、事前準備の重要性を確認したが、パートナー選びも事業者評価を適格に行われることが求められる。地域の規模によっては、その量的ニーズに対応するために多くの事業者を選択することが求められる場合であっても、サービスを効果的、効率的に提供できる団体を選ぶ、準備段階が最も重要である。その上で実施後の提供サービス品質の評価を通じ、必要に応じて改善を組み込みながら、住民にとって質の高いサービス提供を継続することができる参画者間の協働関係の構築が求められる。こうした信頼関係には、密なコミュニケーションを行いながらの取り組みにおいて、小さくとも着実な成果（前進）が求められる。そのためには、上記①と②の質が重要となる。

　さらに、上記①と②の展開において、新たな取り組みが単独で進むのではなく、関連する政策領域において過去からの取り組みの結果、存在しているステークホルダー（団体や個人）と連携し、既存の基盤を活かすことである。つまり、成果実現には従来からの地域基盤があるだけではなく、それが新たな取り組みとの連携が機能する状況を維持しておくことが求められる。（④の部分）なお、連携においては結果として、更なる当該政策領域の地域基盤が進化され、

地域住民の福祉向上への価値を高めることにつながるような意図を持ちながらの取り組みが求められる。

　こうして、新たな取り組みおいては、そこでは使命感とともに、単に手段を実施するのではなく、地域住民の福祉向上に貢献する成果志向を持ち、そして、多彩な団体、メンバーが関係する仕組みがきちんと機能するような現場重視の準備と実施後の安定化を既存の地域基盤（ステークホルダー）を巻き込みながらの協働を通じて、地域目標実現へ導く多元的主体間の協働プロセスをマネジメントできる人材が求められる。

5　本書の構成

　本書は、「はじめに」、「Ⅰ　プロジェクトとは何か」、「Ⅱ　プロジェクトをマネジメントすること」、「Ⅲ　プロジェクトプロセスをマネジメントすること」、「Ⅳ　プロジェクトリーダーになった時に心がけたいこと」の構成となっている。Ⅰはプロジェクトについての基礎知識を整理し、Ⅱはプロジェクト特性ゆえに、陥りがちな落とし穴とその原因を整理した上で、陥りやすい落とし穴を回避し、プロジェクト成果を実現するために「何を」、「どのような指針」でマネジメントすべきかをまとめている。そして、Ⅲでは具体的な成果へ向けたプロジェクトプロセスにおいて、「いつ」、「何を」、「どのように」マネジメントするかを具体的なプロジェクトプロセスにおけるマネジメントの考え方、進め方とそこで活用する手法・ツールの活用法を提案している。Ⅳではプロジェクトリーダーになった時に心がけたいこととして、リーダーが重視すべきことの3点とプロジェクトリーダーが、そのリーダーシップの発揮に参考にしたいモデルを説明している。

　本書が想定している読者であるプロジェクトを実務で行う自治体職員の方々に最も伝えたいこと、そして、共有したいことはⅡの内容である。プロジェクトマネジメントの具体的な進め方、手法、ツー

ルであるⅢはⅡの内容を押さえていないと形式的活用に留まり、成果を生み出すために活かしきれないと考えるからである。さらに、Ⅱの内容は今後、自治体職員が参画する多種多彩なプロジェクトにおいて、個々に異なる状況に適切に対応し、成果に貢献することができるプロジェクトマネジメントの拠り所となると考えるからである。

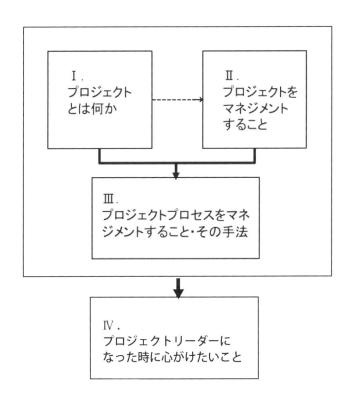

I　プロジェクトとは何か

　プロジェクトとは何か、どのように進めるのかなど
プロジェクトの全体像を押さえる。

I—1　プロジェクトとは

(1) プロジェクトとは

　プロジェクトは一般的に「現状の組織で行われている業務だけでは達成できない特別な目的に対して、組織を横断した臨時のチームで対応しようとする活動である」と整理される。なお、プロジェクトマネジメントについて書かれている『プロジェクトマネジメント知識体系ガイド（第4版）（以下PMBOK）』によると、「プロジェクトとは独自のプロダクト、サービス、所産を創造するために実施する有期性のある業務である」としている。また、『プロジェクト＆プログラムマネジメント標準ガイドブック（以下P2M）』によると、「プロジェクトとは特定使命を受けて、資源、状況などの制約条件のもとで、特定期間内に実施する将来に向けた価値創造事業である」などの定義がされている。

（2）プロジェクト基本プロセス

　プロジェクトの基本的なプロセスは一般的に①企画、②計画、③実施、④完了の4段階に区分できる。それぞれの段階で行う内容別に整理すると、①企画段階は、プロジェクトに関する目的・目標、方法、概算費用、概略活動計画、推進体制などを内容とする企画案をつくり、実施の可否を決める段階である。②計画立案は、企画段階で決定した基本方針に沿って、実施計画を詳細に固めていく。実施計画には活動を最も効率よく行える活動スケジュールや範囲内の活動を行うのに必要な資源を見積る。また、実施上のリスク対処の計画も行うなど実施に向けた準備を行う段階である。③実施段階は、計画立案段階で作成された活動スケジュールに沿って、プロジェクトを展開していくのであるが、進捗状況を定期的に評価して、必要であれば修正を図るなど、成果に向けて状況に対応していく。そして、④完了段階は完了したプロジェクト結果についてステークホルダーに説明責任を果たす。一方で、プロジェクト活動全般について評価し、新たなプロジェクトに備える。

図Ⅰ-1　プロジェクトの基本プロセス

Ⅰ―2　プロジェクトの特性

（1）プロジェクトの特性

　プロジェクト定義を参考にするとともに、筆者自身のプロジェクトリーダーとして、また、実際の自治体でのプロジェクト支援経験から、プロジェクトの特性として、①問題解決性[2]、②手段の独自性、③チーム活動性、④多彩なステークホルダーとの関係性、⑤不確実性、⑥有期間性、そして、⑦制約性の7つが挙げられる。

　①問題解決性は、プロジェクトの目的は組織または地域が直面する問題を解決するということである。プロジェクトは組織や地域の問題解決ための手段なのである。プロジェクトがめざす成果はプロジェクトの目的が達成された状態（アウトカム）であり、活動結果（アウトプット）のことではない。アウトカムとアウトプットの違いについて、江崎他は情報システムに関するプロジェクトを例に、活動結果（アウトプット）がプロジェクトで導入した情報システム（もの）

---

[2]　NPOと行政との《協働活動》における成果要因」においては、「価値創造性」と表現していたが入門書として、理解しやすいように「問題解決性」とした。同様に、②は「独自性」を「手段の独自性」とした。

であり、成果（アウトカム）は、情報システム利用によって改善された生産性や業務効率（こと）と説明している（江崎他 2012）。

②手段の独自性とは、個々のプロジェクトは、その目的実現に向けて、それぞれ異なる環境下で実施されることから、プロジェクト目的やプロジェクト環境に適した独自のプロジェクト内容（問題解決の方法）の設計・実践が求められることである。

③チーム活動性は、プロジェクトごとに多彩な人材、団体が集められ、特別のチームがつくられること。

④多彩なステークホルダーとの関係性とは、プロジェクトには多彩な個人、団体が関係し、プロジェクト活動に直接、間接的に影響すること。なお、ステークホルダーについてPMBOKでは「プロジェクトに積極的に関与しているか、またはプロジェクトの実行あるいは完了によって自らの利益がプラスまたはマイナスの影響を受けている顧客、スポンサー、母体組織、一般大衆のような個人や組織」としている（PMBOK 2008）。

⑤不確実性については、個々に異なる目的、環境下で行われるプロジェクトは常に新しい取り組みであることから、その内容に不確実性を伴うこと。つまり、リスクが存在すること。

⑥有期間性とは、プロジェクトには一定の期間が定まっており、期待される「納期」が決まっていること。

⑦制約性とは、プロジェクトは予算など一定の制約された条件下の中で行なわれることである。

図Ⅰ-2　プロジェクト特性
① 問題解決性
② 手段の独自性
③ チーム活動性
④ 多彩なステークホルダーとの関係性
⑤ 不確実性
⑥ 有期間性
⑦ 制約性

（2）協働事業における7つの特性

　自治体においては、従来から総合計画づくりなど部門横断チームによるプロジェクトが推進されてきたが、最近は新しい政策課題に対して、多種多様なプロジェクトが多くなってきている。例えば、住民自治による協働型まちづくりに向けた取り組みの一環として、多くの自治体で行われている市民団体やNPOなどの提案により地域の課題解決を行政と協働で行う協働事業提案制度を通じた協働事業もプロジェクトと言える。協働事業提案制度における協働事業を7つのプロジェクト特性別に整理すると、

　①問題解決性は、協働事業の目的は地域が直面している、または将来直面しそうな問題を解決すること。
　②手段の独自性は、個々の協働事業は異なる環境下で行われるので、地域問題を解決するために、その状況に適した方策が求められていること。

③チーム活動性は、協働事業は多彩な人材、団体が同じ目標に向って連携し、それぞれの強みを活かし、単独で行うよりも相乗効果が期待されていること。

　④多彩なステークホルダーとの関係性は、地域の問題解決に関連する組織、個人は多岐に渡り、事業についての説明責任が求められること。

　⑤不確実性については、地域問題解決を協働で行うことは新たな取組みであることから不確実性は高く、多様なリスクが想定されること。

　⑥有期間性については、活動は期間内で完了が期待されている。そして、

　⑦制約性については、協働事業提案制度による手続きや一定の予算、テーマに関連する法令などが前提になることなどがプロジェクトである協働事業の特性として挙げられる。

（3）ルーティン業務との比較

　プロジェクトについて理解を深めるために、ルーティン（定型）業務との比較から、プロジェクトの業務特性を確認する。

①問題解決性
　ルーティン業務は、予め、目的・目標が定まっている。その目標はアウトプット目標である。一方、プロジェクト業務は、プロジェクトによって目的・目標が異なる。よって、プロジェクトはそれぞれの目的に適した成果（アウトカム）目標を設定する必要がある。

②手段の独自性

　予め設定されている目標に対して、繰り返し行われるルーティン業務は定型化された方法で行われる。しかし、プロジェクト業務は個々のプロジェクトごとに異なる目的達成のため、その目的、実施環境下に適した独自の方法を創らなければならない。

③チーム活動性

　ルーティン業務は組織内の担当部門、メンバーにより行われるが、プロジェクトはその都度、チームを構成する団体、メンバーが異なる。

④多彩なステークホルダーとの関係性

　ルーティン業務の場合は、組織として決めた役割分担に基づいて行われ、関連する部門が限定されているため、基本的に大きな関連組織間の調整は必要としない。一方、プロジェクトには関係している多彩な団体、個人が存在し、それらがプロジェクトに直接、間接的に影響することを考慮しながら進めなければならない。

⑤不確実性

　ルーティン業務は繰り返し行われている業務であることから、既にリスクをある程度想定しながら業務が行われているとともに、万一、問題が発生したとしても今までの経験からの対応が可能な場合が多い。しかし、プロジェクトは常に新しい取り組みであることから、不確実性が高く、それに伴うリスクへの対応が求められるとともに、発生する問題もプロジェクト毎に異なるため、対処は困難

である。

⑥有期間性

　反復的な業務であるルーティン業務は計画化しやすい。また、問題が起きても従来のやり方や経験が通用するため、納期を守ることへの対応が柔軟にできる。一方、プロジェクトは常に新たな取り組みであるため、活動・作業の計画化や進捗管理に困難さを伴う。また、直面する問題も未経験の内容が多く、対処に時間を要する場合が想定されることから納期への対応は容易ではない。

⑦制約性

　ルーティン業務は既に制約内で業務をしている。一方、プロジェクトはプロジェクトごとに異なる制約の中での実施が求められ、その対応が難しい場合がある。

図Ⅰ-3 ルーティン業務との比較

プロジェクト特性	ルーティン業務	プロジェクト業務
①問題解決性	事前に目的・目標(アウトプット)が設定されている	プロジェクト毎に目的・目標(アウトカム)が異なる
②手段の独自性	目標達成方法は定型化されている	目標達成方法はプロジェクト毎に独自に決める必要がある
③チーム活動性	既存・単独組織で展開し、他部門との調整は少ない	プロジェクトごとに多彩な人材、団体がチームとして編成される
④多彩なステークホルダーとの関係性	関係部門が既に明確であり、限られている	多彩なステークホルダーが存在し、直接、間接の影響を受ける
⑤不確実性	不確実的な要因が少ない。問題が起きても過去の経験で対応が可能である	不確実的要因が多く、問題が起きやすい。また、発生する問題はプロジェクト毎に異なるため対応が困難である
⑥有期間性	計画的に活動しやすい。問題が生じても過去の経験から納期対応を柔軟に行うことが可能である	新たな取り組みであり、活動の計画化や進捗管理に困難さを伴い、納期対応は容易ではない
⑦制約性	既に制約に対応しながら行われている	プロジェクト毎に異なる制約の中での実施が求められ、その対応が難しい場合がある

Ⅱ　プロジェクトをマネジメントすること

　ⅡではⅠ—2で整理したプロジェクト特性を前提にプロジェクトをマネジメントするための視点・指針を述べていく。

Ⅱ―1　なぜ、プロジェクトを
　　　　マネジメントしなければならないのか

　本章では、まずⅠ―2で確認したルーティン業務とは異なるプロジェクト特性ゆえに陥りやすい落とし穴とそれを引き起こしている原因を整理する。その上で、プロジェクト業務の特性に適したマネジメント指針を説明していく。

（1）マネジメントとは

　マネジメントについては様々な定義がなされているが、いずれも「成果を出すための困難を克服すること」がその根底にある。このことからプロジェクトにおけるマネジメントとは、「プロジェクトプロセスにおいて発生する目標達成に障害となる問題を解決する活動」と言える。つまり、プロジェクト成果（目標）への障害を予防する、または早期発見・早期対処することが'マネジメントをすること'なのである。

（2）プロジェクト特性別のマネジメント指針

　プロジェクトは、その特性ゆえに"陥りやすい落とし穴"があり、それらを適切にマネジメントしなければ、プロジェクト成果に大きく影響を与える場合がある。本節ではプロジェクト特性ゆえに陥りやすい落とし穴とそれを引き起こす原因を整理するとともに、それを回避し、成果実現のために求められるマネジメント指針を述べていく。

①問題解決性

　プロジェクト目的が組織、地域にとって問題が解決されることであることから、プロジェクトがめざす目標は問題が解決された状態を示す成果（アウトカム）であるが、活動結果（アウトプット）を成果目標としてしまうプロジェクトがある。そのプロジェクトでは費用を投入し、メンバーが時間をかけて一生懸命活動はしても、本来めざす成果が実現できないこと結果となってしまう。問題解決型プロジェクトにおいて、プロジェクトは完了したが、その目的である解決したい問題は未解決のままとなってしまうことである。

　このようなことが生じる背景には、プロジェクトとは、（ア）□□イベントをすることや、○○を作成することなど'活動重視'で取り組むという手段発想からプロジェクトをスタートすることから、活動結果であるアウトプットを成果目標としてしまう場合、（イ）プロジェクトの目的が明確にできない結果、アウトカムの発想がないため、アウトプットを目標としてしまう場合、または、（ウ）目標設定

の重要性は理解しているが、設定しやすさ、数値化しやすさを優先してアウトプット目標を採用してしまう場合などがある。

よって、「①問題解決性」の特性に対しては、組織または、地域にとってどのような価値を創出したいのか（どのような問題を解決したいのか）を明確にし、その上で組織または、地域が達成できた状態を目標として設定することが必要である。

②手段の独自性

プロジェクトにおける手段は、それぞれ異なる目的・目標やプロジェクトを展開する環境に適した方法を創り上げ、実践することが求められる。しかし、当該組織、地域が直面している問題の解決策として適しない方法が採用されるプロジェクトが見受けられる。その結果、プロジェクト活動は計画通り行ったが、本来の目的が達成できないことが生じてしまう。

この原因として考えられる主なものは、（ア）従来の方法や他組織で実施した内容と同じやり方など採用することや（イ）直面している問題や問題を取り巻く現状分析に基づく対策立案をしない（できない）ことなどが挙げられる。

よって、「②手段の独自性」の特性に対して、プロジェクトはルーティン業務のように組織として策定した標準的な方法（手段）を反復的に継続する方法ではなく、目的・目標達成に向けて、かつ、プロジェクト環境下において、最適な方法（手段）を選択し、実施中は、それを適時評価しながらプロジェクト目的・目標に適切な方法で展開していくことが求められるのである。そのためには、①の目的・目標を明確にするとともに、プロジェクトの目的が問題解決であれ

ば、解決したい問題分析を行い、そこからの情報をもとに、プロジェクト環境に適した独自の方法を設計することが求められる。さらに、実施中でも、常に目的・目標を達成できる方法（手段）で展開できるように、実施中の状況を見ながら、必要に応じて、手段を見直していかなければならない。

③チーム活動性

プロジェクトごとに多種多様（例えば、意識、行動様式、情報、経験、専門性、利害などが異なる）な団体、人材からなるチームが新たに形成されることから、当初、チームとしての一体感に欠けるなど協力体制を築くのが困難である。結果、コンフリクト（対立）が生じて、プロジェクトが停滞・中断し、スケジュール遅延や不要なコスト増につながる。また、相乗効果がでないことで期待された効果的、効率的なプロジェクト展開に影響が出る。

このようなことが起こる主な背景として、（ア）プロジェクトチームに集められたメンバーは、互いに面識のない場合が多く、はじめは相互理解ができていないことなどから、信頼関係が築けていないこと。（イ）異なる団体から集まるため、情報の非対称さからコミュニケーションが噛み合わないこと。（ウ）メンバーが個人や所属団体の利害を中心に考えてしまう傾向があり、チームとしての目標達成に向けた行動ができないこと。また、（エ）召集された理由がわからない、または強制的にメンバーに指名されたことにより不満を持っているなど、そもそも問題解決に意欲的でないメンバーもいることなども挙げられる。一方で、①の目的・目標が不明瞭の場合、チームとして何をめざすのかが曖昧なまま、担当が決まり、個人作業を

行ってしまうプロジェクト環境も背景にある。

　よって、「③チーム活動性」の特性に対しては、プロジェクトごとに集められたチームメンバー間の相互理解、信頼関係を促進し、それをベースに多彩な人的資源を活かして相乗効果を生み出すチーム形成・運用が求められる。

④多彩なステークホルダーとの関係性

　プロジェクトには多彩なステークホルダーが存在し、それぞれとの関連を持ちながらプロジェクトを展開することになる。ステークホルダーからの積極的な協力・支援を受けることも期待できるが、ステークホルダーから非協力的姿勢、過剰な介入、または必要な承諾が得られない事態に直面する場合がある。結果、停滞、または中断につながるプロジェクトが見受けられる。

　これらが起きる背景には、（ア）ステークホルダーのプロジェクトにおける位置づけやそれぞれのニーズを把握していないことにより、コミュニケーションが機能しないことの他、（イ）ステークホルダーへの状況報告を怠ることが挙げられる。この場合、ステークホルダーは状況を知らされないので、不安になり、必要以上に介入してしまうことや、不満から非協力的な行動に出ることになる。また、（ウ）プロジェクトメンバーが自分たちだけで進めようとするため、意図的に特定のステークホルダーと一定の距離を置きたがることなどもある。

　よって、「④多彩なステークホルダーとの関係性」の特性に対しては、プロジェクトに関与するステークホルダーとは良好な関係を構築、維持することが求められる。

Ⅱ　プロジェクトをマネジメントすること

⑤**不確実性**

　常に新しい取り組み（個々に異なる目的・目標、状況、制約があること）であるプロジェクトは、その内容に高い不確実性を持つことから、プロジェクトにおいてトラブルや事故発生のリスクを持つ。そして、トラブルや事故などが起きた際に多大な損害を被り、結果的にプロジェクト成果、予算、納期目標に影響を及ぼすことになる。

　このようなトラブルや事故により、損失を被ってしまうのは、そもそも手段（やりたいこと）を中心に考え、（ア）リスクの想定を怠る場合が多いこと。プロジェクト中断につながったトラブルや事故の中には、そもそも想定可能であったリスクによるものも含まれる事例が報告がされている。また、（イ）想定されるリスクに対しての適切な対応準備がされていないことなどが挙げられる。

　よって、「⑤不確実性」の特性に対しては、プロジェクトにおいては可能な限り想定されるリスクを洗い出し、事前に予防することや、発生した時の対処法を準備しておき、トラブルなどが発生した場合の損害を最小限に止める取り組みが重要となる。

⑥**有期間性**

　プロジェクトは一定の期間内で完了することが求められる。しかし、当初、計画した納期内での完了が実現できないプロジェクトが見受けられる。また、プロジェクト期間中であっても、計画に対する遅延はステークホルダーへ不安を与え、信頼感を下げることになりかねない。

　このようなことが生じるのは、（ア）計画が大雑把であり、場当た

り的に進めてしまうことが挙げられる。活動が順番になっていないことや、必要な活動に漏れがある計画のため、実施中に手戻りややり直しなどが発生し、計画で予定した以上に時間がかかることになる。また、（イ）実施中、進捗状況の把握を怠るため、気づいたときには時間切れとなる場合である。

　よって、「⑥有期間性」の特性に対しては、納期厳守のプロジェクトにおいては、活動スケジュールをきめ細かく計画するとともに、実施中は定期的チェック（モニタリング）による異常の早期発見・早期対処に取り組まねばならない。

⑦制約性

　プロジェクトは予算や関連法規制など一定の制約の中で行わなければならない。しかし、プロジェクトの途中で予算がオーバーとなることや法規制などにより作業を中止せざるをえない場合が生じる結果、プロジェクトが停滞・中断することになる。

　このようなことが生じる背景としては、（ア）制約を意識しないでプロジェクトをスタートすることや、（イ）制約内での調整（やりくり）をしない（できない）ことなどが挙げられる。

　よって、「⑦制約性」の特性に対しては、プロジェクトにおいては制約を適切に把握し、それに対応することが求められる。また、予算枠の中での経済的な調達計画を工夫することや、実施中は調達された資源の効率的（必要に応じて改善を加えて）など、できる限り'やりくりする'ことが重要となる。

　こうして新しい取り組みであるプロジェクト展開においてはその

Ⅱ　プロジェクトをマネジメントすること

特性別に適したマネジメントが行われないと、（ア）プロジェクトの成果（アウトカム）を達成できない。（イ）予定よりもコストがかかってしてしまう。そして、（ウ）プロジェクト完了が遅れることなどにつながる。さらに場合によっては、目標未達成により依頼側からのペナルティを求められることにもなりかねないのである。

　本節ではプロジェクト特性ゆえに陥りやすい落とし穴とその原因をもとにプロジェクトマネジメント指針を整理した。この整理を通じて、プロジェクト失敗に大きな影響を及ぼす2つが見えてくる。1つはプロジェクトが目的・目標があいまいなまま手段ありきでのプロジェクトが展開されること。もう1つは事前準備が粗いまま実施することである。よって、プロジェクトにおいて、（ア）目的・目標の設定と共有することと（イ）実施前にきめ細かな準備をすることが特に重要なマネジメント対象として浮き彫りになった。

（3）地域協働における①から⑦の特性別に課題

1）地域協働の状況

　協働に取り組む自治体では関連条例が制定され、担当部署が設置されるとともに、協働ツール（ガイド、マニュアル等）の作成・配布、各種セミナーの開催などの協働促進により、行政と市民団体やNPOなどとの協働が様々な分野で行われている。例えば、協働事業提案制度を活用した行政とNPOの協働事業では、その地域に適した対策を導入しながら地域が直面する問題解決に動き出した事例や従来は行政主導で行われていた協議会運営が多彩なメンバー間の議論を通じた政策づくりや実施段階での役割分担についての合意形成が図られるなど、行政と市民団体・NPO等との協働は地域や政策領域によっては着実に進んでいる。しかし、協働事業・活動は行っていても、本来の目的である地域の問題解決に貢献できているという報告は決して多くはない。

2）「協働の原則」から診た協働現場の現状

　協働現場での活用に作られた協働ガイド等には「協働の原則」が記載されている。自治体によって異なるが、代表的な項目としては、（a）対等関係、（b）自主性尊重、（c）主体の自立、（d）相互理解、（e）目的（目標）共有、（f）公開・透明性の6つが挙げられ、それぞれ簡単な説明が書かれている。対等関係に関して、N自治体では「協働で課題を解決するためには、双方が対等の関係であることが重要となる。上下ではなく横の関係にあることをお互いに常に認識し、

各々の自由な意思に基づき協働すること」と説明している。

さて、行政が外部団体と関わりながら事業を行うことは以前からも存在したが、今、多くの自治体が取り組んでいるのは、主に地方分権化や新しい公共の考え方を背景に、住民自治による独自のまちづくりや住民が望む公的サービスの効果的、効率的提供に向け、多彩な主体がそれぞれの役割と責任を持った連携をめざしているのであり、（ア）拠り所となる考え方、（イ）その目的、そして（ウ）連携関係の点で従来とは異なる点を'協働'には込められている。めざすまち、住民が望むまちを多様な主体間で創り上げるための手段である'協働'において、参加者に求められること、参加者間の関係性、進め方などが「協働の原則」に描かれており、多彩な主体間の連携において相乗効果を生み出すために参加者間で共有し、活動指針として活かすことを参加者に求めている内容と言える。

このような位置づけにある協働の原則に対して、実際の協働の現場では次のような報告がされている。

まず、（a）対等関係は先に紹介したN自治体の説明のように上下ではなく、横の関係で協働することであるが、NPOや自治会が下請け業者として扱かわれていること。

（b）自主性尊重は参加団体の自主性を活かすことであり、自主的参加に加え、市民団体・NPOが持つ独創性、先駆性、柔軟性、機動性などを活かそうという狙いがある。しかし、市民団体・NPOから提案に対し、行政側からの否定的・消極的な意見や行政のやり方を押し付ける姿勢により、提案者側が意欲を無くし、協働につながらないことや活動が停滞してしまうこと。

（c）主体の自立性は担当する役割を持って責任を持って担える自

立した団体が参加することであり、役割を担うためには専門ノウハウだけではなく、活動資源を調達・管理できる団体の参加が求められている。しかし、役割分担ができなく、特定の団体・人へ依存してしまうこと、または丸投げ状態となってしまうこと。

（d）相互理解とは互いの違いを認識し合い、それぞれの強みを活かすことが期待されている。しかし、話し合いの機会を設けてもお互い、または一方が不信感を抱いたままで協働が実現しないことや相手の理解が進まないままでの活動により、相乗効果が享受できないこと。

（e）目的（目標）の共有については、協働事業は手段であり、その目的を参加組織・メンバー全てが共有し、目的を達成することが期待されている。また、自治体によっては、目的だけではなく、具体的に何を実現したいのかという目標の共有も重視している。しかしながら、目的・目標の共有の前に、そもそも'目的の明確化、目標の設定'ができていないことから、めざす到達点が曖昧なまま、手段が独り歩きしてしまって、活動はしたが何が達成されたがあいまいとなっていること。

そして、（f）公開性・透明性については活動の結果としての目的達成度（目標実現度）を報告し、説明責任を果たすことが期待されているとともに一連の事業手続きの透明性が求められることである。しかし、現状の報告書では実施したことのみ記載されている内容が多く見受けられる。これでは協働（手段）の結果、当初掲げた目的がどの程度達成（問題がどの程度解決）されたのかは市民には伝わらないこと。

このような'上下意識'、'依存・丸投げ関係'、'相互不信'、さら

Ⅱ　プロジェクトをマネジメントすること

に‘創造的なアイデアを否定する姿勢’のどれかに当てはまる協働でも“相乗効果が期待できない”であろうし、また、‘手段ありき’では、手続きは踏んでも“形だけの協働”であり、本来の目的である地域問題解決に至らないであろう。話し合いを持っても協働事業に至らないことや協働事業が停滞、中止になる背景として縦割組織構造面や費用面などからの報告もされているが、‘協働’という多様な主体間の連携によって地域問題解決を効果的、効率的に行うための重要な要因である「協働の原則」と現状に乖離が起きていることを協働推進関係者は直視する必要がある。このような乖離が起きている背景には、行政と外部組織が共に行うという‘形’を重視した取り組みにより、参加者は従来の意識のまま、今までと同じやり方で行われていることが上記以外にもうまくいっていない協働についての報告から読み取れる。‘協働’という手段の目的や、その目的に適した進め方を参加者が理解していないため、形をもって、‘協働’と考えてしまっている可能性が高いのである。

　こうした実態に対して、参加者が事前に‘協働’について十分に理解し、実施中においても、原則が反映された事業や活動が行われている協働に仕上げるための対応が求められる。つまり、今後の協働推進には、単に仕組みを構築し、運営するだけではなく、地域で求められている協働の趣旨を理解し、原則に沿った進め方で相乗効果を生み出していくことのできる協働プロジェクトを舵とりできる人材づくりという協働基盤の整備を地道に行っていく必要があるのである。

図Ⅱ-1 特性別の落とし穴とマネジメント視点

プロジェクト特性	プロジェクトで陥りやすい落とし穴	原因	成果実現のためのマネジメント指針
①問題解決性	めざす目標をアウトプットで設定してしまうこと	(ア)活動重視で活動結果であるアウトプットを目標としてしまうこと (イ)プロジェクトの目的があいまいのまま、目標が設定できないこと (ウ)設定しやすく、数値化しやすさを優先してしまうこと	解決したい問題を明確にし、それが実現できた状態を目標とすること
②手段の独自性	目的・目標に適していない方法が行われること	(ア)従来のやり方、他の組織のやり方を採用すること (イ)解決したい問題や現状分析をベースにした対策を立てない(立てられない)こと	プロジェクト対象や環境を適切に分析した情報をもとに手段を設計すること。実施中も状況に合わせて手段を見直すこと
③チーム活動性	チームとしての一体感に欠け、協力体制が築けない、場合によってはコンフリクトが生じてしまうこと	(ア)相互理解ができていない、信頼関係がないため、協力関係が築けないこと (イ)異なる団体から集まる場合などコミュニケーションが噛み合わないこと (ウ)個人や所属団体の利害を中心に考えてしまうこと (エ)意欲のないメンバーがいること	相互理解、信頼関係をベースに相乗効果を生み出すチームを形成し、運用すること
④多彩なステークホルダーとの関係性	ステークホルダーからの非協力的姿勢、過度の介入に振り回されること	(ア)ステークホルダーの位置づけやニーズを把握していなくコミュニケーションが機能しないこと (イ)ステークホルダーへの状況報告を怠ること (ウ)自分たちだけで進めたく一定の距離を置くこと	ステークホルダーとの良好な関係をつくること
⑤不確実性	トラブル、事故(想定できたものも含める)の発生により、多大な損失を被ること	(ア)リスクの想定を怠ること (イ)想定したリスクへの対応準備をしていないこと	想定されるリスクを洗い出し、事前に予防することや、発生した時の対処法を準備すること
⑥有期間性	作業遅延が発生すること	(ア)計画が大雑把であり、場当たり的に進めてしまうこと (イ)実施中、進捗状況を把握しないこと	きめの細かい活動スケジュール管理を行うこと
⑦制約性	予算オーバーや規制が障害で活動が中止すること	(ア)制約を意識しないで活動してしまうこと (イ)制約内でのやりくりをしない(できない)こと	制約を把握し、それに対応する(やりくりする)こと

Ⅱ—2 プロジェクトの「何」を
　　　　マネジメントするのか

（1）プロジェクトマネジメントテーマ

　Ⅱ—1では7つのプロジェクト特性から成果に影響を与える要因、つまり「何」をマネジメントするべきかを整理した。
　①問題解決性の特性からは、手段ありき、手段が独り歩きしないように、目的・目標を設定し、共有し続けながら、プロジェクトを展開する「目的・目標志向マネジメント」が求められる。②手段の独自性の特性からは、プロジェクトは個々に異なる目的・目標や環境下で行うことが求められることから、その実現するための適切な方法を設計し、実施する「目標実現の手段展開マネジメント」。そして、③チーム活動性の特性からは、プロジェクトチームは多彩な主体によって成果を生み出すことが求められることから、メンバーそれぞれの強みを活かし、相乗効果を生み出すチームを作り、維持する「チーム力形成マネジメント」。④多彩なステークホルダーとの関係性という特性からはステークホルダーとの関係がよくない場合は、プロジェクト展開において支障となる可能性がある一方で、良好な関係が維持できていればステークホルダーからの支援、協力が期待できることから「ステークホルダーとの連携性充実マネジメント」が求めら

れる。また、⑤不確実性という特性ゆえに、可能な限りリスクを洗い出し、予防策を講ずるとともに、発生したとしても負の影響を最小限に抑える「リスク対処マネジメント」が必要となり、⑥有期間性の特性からは、納期にプロジェクトが完了するだけではなく、プロジェクト展開が効果的、効率的に行われるためのきめ細かい納期管理を図る「納期（スケジュール）マネジメント」。そして、⑦制約性の特性からは、限られた制約の中でいかに効果的、効率的なプロジェクトを展開するための「制約内展開マネジメント」が求められるのである。

（2）プロジェクトマネジメントテーマの体系

（1）で設定された7つのプロジェクトマネジメントのテーマは、「1．目的面」、「2．手段面」、「3．制約面」の観点からグループ化できる。

「1．目的面」は何のためにプロジェクトを行うか、またはプロジェクトの結果、どのような問題を解決したいのか、何を実現、達成したいのかを表す7つの中では、「①目的・目標志向マネジメント」になる。

「2．手段面」は目的を実現するための方法内容であり、「②目標実現の手段展開マネジメント」、「③チーム力形成マネジメント」、「④ステークホルダーとの連携性充実マネジメント」、「⑤リスク対処マネジメント」の4つが当てはまる。

そして、「3．制約面」とはプロジェクトに課せられた制約であり、「⑥納期（スケジュール）マネジメント」、「⑦制約内展開マネジメン

ト」となる。これらを体系化したものが図Ⅱ－2である。

図Ⅱ－2　プロジェクトマネジメントのテーマ体系

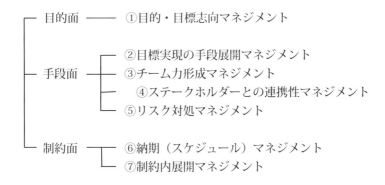

（3）協働事業提案制度における課題

　自治体の取組みとして、担当部署を設置して、条例を作り、制度を構築した上で、NPOと行政による協働事業が行われているが、途中での中止・中断や、活動は行っていても、本来の目的である地域の問題解決につながっていない結果となっている背景には、プロジェクト特性から生じる7つの視点別に求められているマネジメントが不十分な事例が見受けられる。
　協働事業提案制度もその取り組みの1つであるが、途中での中止・中断や、活動は行われていても、本来の目的である地域の問題解決につながっていない事例が報告されている。その背景についてプロジェクト特性から整理する。

例えば、「①目的・目標志向マネジメント」面に関しては、目的・目標の共有の前に、そもそも'目的の明確化、目標の設定'ができていないことから、めざす到達点が曖昧なまま、手段が独り歩きしてしまって、活動はしたが何が達成されたがあいまいとなっていること。

「②目標実現の手段展開マネジメント」面については、手段ありきでの取り組みで結果的に本来の目的である地域の問題解決に至らないこと。

また、「③チーム力形成マネジメント」面については、協働へ向けての話し合いの段階から設けてもお互い、または一方が不信感を抱いたままで協働が実現しないことや、相手の理解が進まないままでの活動により、相乗効果が享受できないことや、役割分担ができなく、特定の団体・人へ依存してしまうこと。

「④多彩なステークホルダーとの連携性充実マネジメント」面については、地域問題を解決する協働事業は市民や関連団体との連携が成果に大きく影響するのであるがチームだけで推進すること。

「⑤リスク対処マネジメント」面では、事業が停滞・中断となった背景には、事前に予防できたことや発生時に迅速・適切な対処ができれば事業を継続できたことなどが見受けられること。

「⑥納期（スケジュール）マネジメント」面においては、計画性なく場当たり的な活動が行われ、結果的に納期内で完了しないこと。

そして、「⑦制約内展開マネジメント」面では、そもそも少ない予算内での協働事業を行わざるを得ない状況であるが、途中で予算を使い果たし、追加調達ができなく事業が中断してしまっている。

このように協働事業においては、プロジェクトマネジメントの考

え方を理解し、それを現実の協働事業内で実践できるメンバーの参加が求められていると言える。

II—3 「何」を「いつ」、「どのように」マネジメントするのか

II—1、II—2を通じて、プロジェクト特性ゆえに求められるプロジェクトにおける7つのマネジメントテーマについて整理した。本章では7つのマネジメントテーマにそれぞれについて、企画、計画、実施、そして完了段階毎のマネジメントの考え方を説明していく。

【目的面】

(1) 目的・目標志向マネジメント

①企画段階では、まず、プロジェクトによって実現したい姿（成果）を明らかにする。プロジェクトが企画されるのは、組織として、地域として解決したい問題が存在するからある。この解決が求められる問題や満たされていないニーズをわかりやすく整理することでプロジェクトの目的、つまり「なぜ、プロジェクトを行うのか」を明らかにする。その上でプロジェクトの目的は抽象的な表現にならざるを得ないので、プロジェクト（手段）によって、将来、実現したい姿（めざす姿）をプロジェクト関係者全員が共有できる具体的な

目標として設定する。②計画段階においては、より具体的な目標（中間目標も含む）を設定し、メンバー間で共有する。③実施中は中間目標達成度を評価し、最終成果に着実に前進しているかを確認する。④完了時はプロジェクト成果としてプロジェクト目的・目標の実現度を評価する。

【手段面】

（２）目標実現のための手段展開マネジメント

　①企画段階においては目的・目標実現に適した方法を選択する。そのためには解決したい問題や現状を分析し、プロジェクト環境に適した方法を設計する。②計画段階ではプロジェクト内容を具体的な活動まで落とし込み目標達成への道筋を描く。③実施段階では企画・計画で立てた対策は目標を達成するための手段として、練り上げたものであっても「仮の答え」であるので、実施中に効果性、効率性、実現性の視点で評価し、必要に応じて改善を行う。④完了段階ではプロジェクト内容は手段として適切であったか。軌道修正は適時適切に行えたかの観点から評価する。

（３）チーム力形成マネジメント

　①企画段階ではプロジェクトにどのような人材が必要かを明らかにし、洗い出した能力に適した能力を持つメンバーを組織の内外から集め、基本的な役割を決める。②計画段階では個人別の役割、責

任を明確化し、共有する。また、プロジェクトではそのプロジェクト毎に多彩な人材が集められることから、チームビルディングを行う。③実施段階では適時適切な進捗確認などチーム内での密なるコミュニケーションを取りながらチームとしてのプロジェクト展開を進める。④完了段階は役割の分担は適切であったか。メンバーは自らの役割を正しく認識し活動したか。また、チーム内コミュニケーションはうまくいったかなどの視点で評価する。

（4）ステークホルダーとの連携性充実のマネジメント

①企画段階ではステークホルダーを洗い出し、ステークホルダーそれぞのプロジェクトにおける位置づけやプロジェクトや関連する活動に対するニーズを明らかにする。②計画段階はステークホルダーごとに担当窓口を決めるなどステークホルダーとのコミュニケーションの仕組みを設計するなどステークホルダーとの関係性構築の準備を行う。③実施中は適時適切に各ステークホルダーのニーズに適したコミュニケーションを通じて、良好な関係性の構築・維持を図る。④完了段階ではステークホルダーとの良好な関係を維持できたかだけではなく、ステークホルダーの協力は得られたかの視点からの評価を行う。

（5）リスク対処マネジメント

①企画段階では対処が必要なリスクに対しての方針を掲げておき、プロジェクト成果の実現性を高めておく。②計画段階ではより具体

Ⅱ　プロジェクトをマネジメントすること

的に想定されるリスクを洗い出し、それぞれの対処準備をする。③実施中においてはリスクの予兆を察知することを心がけ、発生時にはそれに適した対応策に取り組む。④完了段階ではリスクへの対処は適切であったか。損害が最小限にできたかなどの視点で評価する。

【制約面】

(6) 納期（スケジュール）のマネジメント

①企画段階では求められる納期を確認した上で、プロジェクト全体の概略活動計画を作成する。②実施段階では詳細な活動スケジュールを作成し、共有する。③実施中は進捗状況をモニタリングしながら、状況の応じた対応を行うなどきめ細かい活動スケジュール管理を行う。④完了段階では、プロジェクトは計画通りの期日に完了したか。納期厳守のための実施中の進捗管理は適時適切に行われたかの視点で評価する。

(7) 制約内展開のマネジメント

①企画段階から予算やプロジェクトに関連する法規制や組織内制度・ルールなどプロジェクトを推進するための制約を確認しておく。②計画段階では制約に対して適切な対応を計画する。③実施中は制約に適切に対応する。④完了段階では制約に対処できたかの視点で評価する。

以上、プロジェクト特性ゆえにプロジェクトの落とし穴を回避し、成果を実現するために「何を」、「いつ」、「どのように」マネジメントするかの考え方を述べた。まとめとして協働事業提案制度における協働事業の事例で説明する。

(8) 協働事業の例

　協働事業提案制度における協働事業プロセスは次にように整理できる。大きな「1.提案」、「2.計画」、「3.実施」、「4.評価」の段階に分けることができる。「1.提案」段階は①参加意思決定、②提案書作成、③審査の順に活動を区分できる。「2.計画」段階は①実施計画作成、②リスク対応計画作成、③資源計画策定、そして「3.実施」段階は①進捗確認、②改善、③情報共有、最後の「4.完了」段階は①結果評価、②報告書作成、③報告（会）・公開という活動に分けることができる。
　以下では核になる活動について説明する。

Ⅱ　プロジェクトをマネジメントすること

図Ⅱ－3　公募型協働事業プロセス

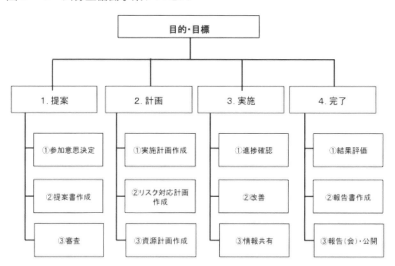

【1. 提案段階のマネジメントポイント】

①参加意思決定後に行う②提案書作成活動は「審査基準と提案書項目の関係」を理解して、提案する内容が審査基準を満たしていることが伝わるように書き上げなければならない。現在、行われている協働事業提案制度における「審査基準」として代表的なものとして、（ア）地域の課題・ニーズの重要性、（イ）事業の効果性、（ウ）費用の効率性、（エ）実現性、（オ）先駆性・創造性、（カ）協働の相乗効果性、（キ）団体の適格性、（ク）将来性・発展性などが挙げられている。一方、提案書の「記載項目」はテーマのほか、(a) 地域課題・ニーズ、(b) 提案事業内容、(c) 成果目標（問題解決度）、(d) 活動結果目標、(e) 協働の必要性、(f) 役割分担、(g) 活動計画、(h) 費用見積もり、

63

(i) その他（将来の発展性、リスクマネジメント）などの記載が求められている。例えば、「(a) 地域課題・ニーズ」は、審査基準の「(ア) 地域の課題・ニーズの重要性」について説明する項目である。協働事業を通じて解決したい地域で生じている（または、将来生じる可能性のある）問題や現在、満たされていない住民ニーズについて、第3者が地域にとって'重大である、深刻である'と共感し、このまま放置すべきでないとことが伝わるように具体的に描く。その際、問題の重大性、深刻性などは具体的な数値データがあると伝わりやすくなるが、数値データがない場合は重大さ、深刻さが伝わるように地域で生じている事例を生々しく描くなど工夫する。

　こうして作成された提案書は、次の③審査活動において、審査基準に応える内容となる。また、プレゼンテーションが求められる場合でも、限られた時間で審査基準が求める内容について筋道立てた説明と質疑応答が可能となる。

【2.計画段階のマネジメントポイント】

　①活動計画作成活動では事業実施の前には具体的なスケジュールと分担を描いた活動計画を作成し、皆で共有する。協働事業のような限られた資源、期間という制約の中で成果を上げることが求められる場合、具体的な活動計画は参画者の目的（目標）達成への動機づけになるとともに、事業実施中、遅延の把握と対処を皆で共有しながら取り組む拠り所となる効果的なツールである。なお、スケジュールと分担を描くポイントは、実施中のイベント（例えば、説明会や講演会）別目的、目標を達成するための具体的な活動や作業を時系列に列挙し、活動毎に担当者と期間を表記する。

作成した活動スケジュールをベースに提案段階で実現性の観点から想定した協働事業におけるリスクの洗い出しとその対処法をより具体的に行い、事前予防策を行うことや発生時の対処法を準備しておく（②リスク対処計画作成活動）とともに、活動資源調達や詳細な予算の計画を作成する（③資源管理）。

【3.実施段階のマネジメントポイント】

①進捗管理活動では限られた期間内で目標を達成するためには、適切な進捗管理が行われなければならない。現状の活動が計画で作成したスケジュール通り行なわれているのか。それぞれの役割分担は期待した通りに遂行されているのかなどを確認し、必要に応じて改善するとともに計画の修正を行い（②改善活動）、現状や変更点をメンバーや関連部門と共有する（③情報共有活動）。なお、進捗状況としてリスクの予兆を察知することも含まれる。

【4.完了段階のマネジメントポイント】

①結果評価活動は、実施後の評価は計画で掲げた目標に対する到達点を確認することから始める。事後評価で重要なのは結果ではなく、その到達点に至った要因を明らかにすることであり、その上で次の打ち手を考えることである。よって、（ア）目標の到達点（結果）、（イ）結果の原因、（ウ）次の打ち手の３つを関係づけながら整理し、協働チーム内で共有にする。そして、これら事後評価の核である３点を中心に報告書を作成する（②報告書作成）とともに報告会などにおいて市民に対して説明責任を果たす（③報告（会）・公開活動）。

Ⅲでは、これらの中で特に重視すべき点を具体的な手法・ツールとともに説明する。

Ⅲ　プロジェクトプロセスを　　マネジメントすること

　Ⅱではプロジェクト特性を前提に成果を実現するために「何」を重視しなければならいかというプロジェクトにおけるマネジメントテーマを整理し、プロジェクト特性ゆえに陥りやすい落とし穴を回避し、成果を実現するために「何を」、「いつ」、「どのように」マネジメントするかの考え方を説明した。Ⅲでは、プロジェクトプロセスの段階ごとに重視するべきマネジメントの考え方、進め方、活用する手法・ツールを説明していく。

Ⅲ—1　プロセスをマネジメントする

（1）プロセスマネジメント

　プロジェクトプロセスは一般的に企画、計画、実施、完了の4つの段階に区分されるが、プロジェクト展開においては、まず、各段階の目的・目標を明らかにし、それを着実に達成し、その上で次の段階へ進んで行かなければプロジェクトの目的・目標は実現できない。この目標達成に向けたプロセスを創り上げることが'プロセスをマネジメントすること'になる。つまり、プロジェクトプロセスをマネジメントするとは、企画、計画、実施、完了それぞれの段階で'マネジメントされた状態（目的・目標が達成された姿）'を実現させ、それらをつなぎながら、成果実現への'良いプロセスを創り上げる'と考えるのである。

（2）プロセス上の'めざす姿'（目標）とその実現のため重視すべきこと

　各段階のめざす姿（目標）とその実現のために重視すべきことは次のようにまとめることができる。まず、企画段階のめざす姿（目

標）は、プロジェクト企画が承認されることである。そのためには審査基準を満たし、審査員に伝わる企画書づくりが求められる。次に、計画段階のめざす姿（目標）は、（ア）プロジェクト関係者全員が最終目標を共有していること。（イ）プロジェクトメンバーそれぞれが実施において自主・自律的、かつ責任をもって担当業務を遂行するための準備ができていることである。これらを達成するために重視すべきことは、（ア）に対しては、①チームとして達成すべき目標（最終・中間）が明確であり、可視化されていること。（イ）に対しては、②メンバーそれぞれの役割・責任が明確化され可視化されていることと、③目標達成へ効果的、効率的な道筋が可視化されていることである。

実施段階のめざす姿（目標）は、（ア）プロジェクトメンバー全員が最終目標達成に向けて着実に前進していることを共有していること。（イ）ステークホルダーが進捗状況に納得し、安心して任せていることである。このような状態を実現し、維持するために重視すべきことは、（ア）に対しては、①目標に対して現状を把握し、必要に応じて適切な軌道修正が行われていること。（イ）に対しては、②ステークホルダーと良好な関係が維持されていることである。

完了段階のめざす姿（目標）は、（ア）ステークホルダーに結果（成果）が受け入れられること。（イ）次のプロジェクトに活かす課題とその対策案が共有されていることである。これらの実現に重視すべきことは、（ア）に対しては、①対目標で説明責任を果たせるものを作成すること。（イ）に対しては②メンバー全員でプロジェクト経験からの教訓抽出を行い、課題を設定するとともに改善策を策定することである。

Ⅲ―1ではプロジェクトプロセスを形式的に進めるのではなく、プロジェクトプロセス上の段階毎のめざす姿（目標）を実現し、次に進むことが成果実現に極めて重要であるプロジェクトにおけるプロセスマネジメントの考え方から、それぞれのめざす姿（目標）と、その実現のために重視すべき点を確認した。

　Ⅲ―2以降はプロジェクトプロセスにおける段階別に、より具体的に成果を生み出すプロジェクトマネジメントの考え方、進め方、そこで活用される手法・ツールを説明していく。

Ⅲ　プロジェクトプロセスをマネジメントすること

図Ⅲ―1　プロセス別の目標と目標実現に向けて重視すべきこと

プロセス	企画	計画	実施	完了
めざす姿（目標）	（ア）プロジェクト企画が承認されること	（ア）全員が最終目標を共有していること	（ア）プロジェクトメンバー全員が最終目標達成に向けて着実に前進していることを共有していること	（ア）ステークホルダーに結果（成果）を受け入れられること
		（イ）メンバーそれぞれが実施において自主的、自律的、責任をもって動ける準備ができていること	（イ）ステークホルダーが進捗状況に納得し、安心して任せられると考えていること	（イ）次のプロジェクトに活かす課題とその対策案が共有されていること，プロジェクトマネジメントノウハウが蓄積されること
重視すべきこと	①評価基準を満たし、審査員に伝わること企画書が作られること	①チームとして達成すべき目標（最終・中間）が明確になっていること	①目標に対して現状を把握し、必要に応じて適切な軌道修正が行われていること	①問題解決度で説明責任を果たせるものを作成している
		②メンバーそれぞれの役割と責任が明確で可視化されていること	②ステークホルダーと良好な関係が維持されていること	②メンバー全員でプロジェクト経験からの教訓抽出を行い、課題を設定するとともに改善策を策定すること
		③目標実現への効果的、効率的な道筋が可視化されていること		

Ⅲ―2　企画段階で重視すべきマネジメント

　本節ではⅢ―1で確認した企画段階のめざす姿（目標）とめざす姿（目標）実現のために重視すべき点を実務で実践するために求められるマネジメントの考え方、進め方、そこで活用する手法・ツールについて説明していく。

（1）企画段階のめざす姿と重視すべきこと

　企画段階のめざす姿（目標）は、プロジェクト企画が承認されることである。そのためには審査基準を満たし、審査員に伝わる企画書づくりが求められる。

（2）重視すべきこと

　問題解決型プロジェクトの企画段階で整理され、企画書に記載される基本項目は(a) テーマ、(b) 背景、(c) 目的、(d) 目標、(e) 実施内容、(f) 費用見積もり、(g) 推進体制、(h) 主なステークホルダー（推進体制以外）、(i) 概略活動計画などである。
　組織または、案件別にそれぞれの審査（評価）基準を持つが、問

題解決型プロジェクトにおいては次の4視点は中核となる基準である。まずは、(ア)「問題の重大(深刻)性」である。プロジェクトによって解決したい課題が組織にとって重大な、深刻であるかを問うものである。プロジェクトをなぜ、しなければならないのかの理由でもある問題が組織や地域にとっていかに重大であるか、深刻であるかが伝わる内容が求められる。組織によっては、トップからの指示でプロジェクトがスタートする場合があるが、職員提案や公募型協働事業などの企画においては、そもそも解決したい組織や地域の問題が起点であり、それが放置されたままではいけないことを第3者との共有が求められる。(イ)「対策の効果性」の視点は、プロジェクトの内容(問題解決策)がプロジェクトの目的である組織、地域が直面している(または、将来直面する可能性がある)問題解決、めざす成果目標実現に効果的な内容であるかを評価する基準である。また、(ウ)「成果対費用」の視点は、プロジェクトで期待される成果に見合う費用となっているかの基準である。そして、(エ)「対策の実現性」の視点は、効果的なプロジェクト内容でも現場の状況において実現可能か(絵に描いた餅にならないか)の観点からの基準である。

(3) 重点的な企画項目別の記載方法

1) 問題の重大性に関わる核となる項目

背景
背景はプロジェクトを通じて解決したい組織や地域で生じている

（または、将来生じる可能性のある）問題や現在、満たされていない住民ニーズについて、第3者が組織や地域にとって'重大（深刻）である'と共感し、このまま放置すべきでないとことが伝わるように具体的に描かれなければならない。その際、問題の重大性、深刻性などは具体的な数値データがあると伝わりやすくなるが、数値データがない場合は重大さ、深刻さが伝わるように地域で生じている事例を生々しく描くなど工夫する。

目的
背景を受けて、プロジェクトという手段を通じて実現したいことを表す。実現したい具体的な状態（到達点）は目標になる。

2）効果性に関わる核となる項目

成果目標
プロジェクトの目的を具体的にプロジェクトによって何を実現したいのか、プロジェクトで達成したい状態を目標として設定する。目標は目的が達成された状態であり、プロジェクトを通じて、創造された価値が実現された状態を具体的に表すことが期待されている。

目標とは一定期間内に「達成すべき成果」を具体的に表現したものであり、目印であり、目標を表すために「何＝目標の対象」とその「どの程度＝目標値」を組み合わせる。目標という目印を持つことで、企画段階では現状から目標達成へ有効な方法（活動）を選択することが可能となる。また、実施途中・実施後も目標に対しての到達度合いが明らかになるため、実施した活動が有効であったかを

検討し、目標未達成の場合は、その原因を振り返りながら、改善余地を検討することが可能となる。このようなめざす姿を表し、現状との比較から進捗・到達状況を確認するために比較対象としての目印としての機能が期待される目標は定性的よりも、定量（数値による表現）的に表現したほうが具体的であり、プロジェクト実施前後の変化の程度も分かりやすい。なお、定量的に表現することが困難であっても、できる限り具体化して誰もがプロジェクトを通じて達成された姿（目印）として実感できる表現にしておくことが必須である。抽象的な表現では目標の機能は果たせないので、設定されていないことと同じで、プロジェクトメンバーの意欲のベクトルを合わせることができない。

目標の種類

プロジェクトにおける目標は基本的に、（ア）プロジェクトの目的を実現した状態を表す「成果（アウトカム）目標」、（イ）成果を実現するために行われる多彩な活動毎の目標である「活動結果（アウトプット）目標」、そして、（ウ）プロジェクト期間の目標である「納期目標」、（エ）プロジェクト経費の目標である「予算目標」などである。

目標—手段の群

成果（アウトカム）目標には1つのプロジェクト（またはアウトプット）だけでは実現しない場合がある。例えば、情報システムを作り上げるというプロジェクト（その目的が○○コスト削減であれば、成果目標は○○コスト□□％減という成果（アウトカム））の場合、いくらそのプロジェクトが仕様書通りで、期限内、予算内で出来上

がったとしても、成果（アウトカム）目標を実現するには、例えば、運用段階において、欠かせない事前の教育・トレーニングが必要である。他にも成果（アウトカム）目標実現するためには欠かせないことがあれば、それら個々のプロジェクトの全てがアウトカム目標実現の必要なプロジェクトになる。このような場合、アウトカム目標に対していくつかのプロジェクトの"目標—手段の群"を体系的に構築し、それぞれのプロジェクトの成果（アウトカム）視点で位置づけておくことでより成果（アウトカム）目標を実現するためにすべきことに漏れがなくなり、成果（アウトカム）目標の実現性が高まる。

問題解決のための対策策定

プロジェクトとして解決が期待される地域の問題に対して、どのような方法（アプローチ）で活動していくかを決めることであり、設定された成果目標（解決された姿）達成のために行う事業を決める。その事業は解決のための対策であるので、直面している問題や地域特性などの分析やプロジェクト環境を考慮して立案されることで効果的な内容になる。なお、分析のための情報には既にあるアンケート結果、報告書や関連テーマの専門書だけではなく、対象としている問題についての関連団体や関係者から直接、話を聴くなど、現場担当者の意見（ローカル・ナレッジ[3]）を収集することや、現場を直

---

[3] 藤垣は文化人類学者ギアツ（Geertz）を引用し、「局所的（ローカル）であることを避けることができず、手段に分割できず、現場の状況から分離することができない知識」として一般的な理論、普遍的な知識に対して使われると説明した上で、現地で経験してきた実感と整合性をもって主張される現場の勘という補足をしている（藤垣2008）

接、観察することでプロジェクト目的やその状況に適した対策となり、結果的により効果的、実現可能なプロジェクト内容が期待される。

　また、対策立案では、はじめから1つに絞らずに代替案を作成し、その上で代替案ごとの内容を目標達成に対しての費用対効果や実現性の観点から評価し、最終的に選定していく方がより効果的、効率的、かつ実現可能性の高い対策を立案することが可能となる。このようなアプローチを通じて直面している状況に適した対策の方が従来のやり方や他で実施されている方法よりも効果的な問題解決につながる。

3) 実現性に関連する核となる項目

ステークホルダー

　公的事業におけるステークホルダーは多彩であることから、プロジェクトに大きな影響を与える場合が多い。よって、事前にプロジェクトに大きな影響を与える可能性のあるステークホルダーを洗い出し、それぞれのプロジェクトにおける位置づけやニーズを洗い出しておく。

図Ⅲ-2　主なステークホルダーリスト

ステークホルダー名	プロジェクトにおける位置づけ・役割	プロジェクトに対するニーズ

概略活動計画

当プロジェクト目的・目標を実現するために考えられた方法を実施していくための活動を洗い出し、その順番を明らかにして、プロジェクト全体の概略活動計画を作成する。

図Ⅲ—3　業務引き継ぎ計画の例

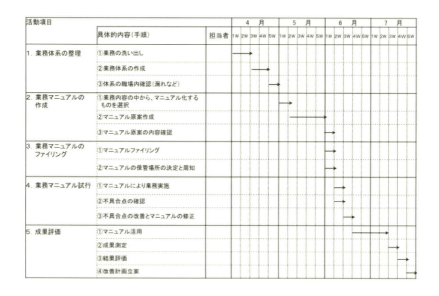

4）成果対費用に関連する項目

費用見積もり

企画段階の費用見積もりは概算であってもある程度の根拠を持つことが重要である。その上で、必要経費を予算化できるように交渉する。この段階での見積もり方法としては、過去のプロジェクトの

実績、プロジェクトメンバーの経験、そして専門家からのアドバイスなどがある。

（4）企画案を'論理的に'磨き上げる

　全体としての出来栄えを高めるために「4つの基準とストーリー性」の視点から磨き上げていくことである。まず、書き上げた企画書の内容が先に紹介した4つの基準を満たすか確認するのであるが、この際、各基準が問うている質問に納得が行くように答えているかの観点で内容を確認する。第3者が納得するためには、客観的な根拠が示されていることが効果的である。よって、数値データなどがあれば、それを活用するなど工夫する。
　ストーリー性は企画書全体、つまり、企画書の項目がストーリーとして読み手に伝わるように項目間に密接な関係を持たせることである。企画書項目を単に個別に記載するのではなく、項目間に関係性を持たせた内容に仕上げていく。
　さて、4つの基準とストーリー性の観点から磨き上げ作業を繰り返して、企画書原案が一定のレベルに達したと判断したならば、第3者に内容を読んでもらい、審査基準を満たす内容となっているか確認してもらう。これにより自らは気付けなかった点が浮き彫りになり、更なる磨き上げることが可能になる。

Ⅲ―3　計画段階では「何」を「どのように」マネジメントするのか

　本節では、Ⅲ―1で確認した計画段階のめざす姿（目標）と、そのめざす姿（目標）実現のために重視すべき点を実務で実践するために求められるマネジメントの考え方、進め方、そこで活用する手法・ツールを特性別に具体的に説明していく。

（1）計画段階のめざす姿と重視すべきこと

　計画段階のめざす姿（目標）は、（ア）プロジェクト関係者全員が最終目標を共有していること。（イ）プロジェクトメンバーそれぞれが実施において自主・自律的、かつ責任をもって担当業務を遂行するための準備ができていることである。これらを達成するために重視すべきことは、（ア）に対しては、①チームとして達成すべき目標（最終・中間）が明確であり、可視化されていること。（イ）に対しては、②メンバーそれぞれの役割・責任が可視化されていることと、③効果的、効率的な目標達成への道筋が可視化されていることである。

（2）重視すべきこと①：チームとして達成すべき目標（最終・中間）ことが明確であり、可視化されている

1）目的・目標の明確化と可視化

　計画段階の目標は最終目標だけではなく、プロジェクトプロセスの節目において、一定の到達点を示す複数の中間目標を設定する。中間目標は、それらを達成しつづけながら最終目標に到達するような目標設定が望まれる。こうした中間目標であれば、成果に向かっているかの進捗確認と必要に応じた軌道修正が可能となる。中間目標を可視化は、先に述べた「何＝目標の対象」と「どの程度＝目標値」に加え、「いつまでに＝期日」を組み合わせ、具体的な表現とする。

2）マイルストーン

　マイルストーンとはプロジェクトの実行スケジュール上押さえておく必要のある主要イベント（時期）のことであり、例えば、中間報告会などである。中間報告会も中間目標の１つとして活用できる。プロジェクト全体の中での位置づけを考え、そこで何を報告し、何を検討・承認してもらうかを目標とするのである。そこでの承認が最終成果への重要な意思決定であるならば、重要な中間目標となる。このように最終成果の観点から重要な報告・承認を目標として、プロジェクト計画の中に組み込んでおく。この場合、重要な報告・承認に必要なメンバーには事前に周知することも計画化しておく必要

がある。

（3）重視すべきこと②：メンバーそれぞれの役割・責任が明確で可視化されていること

1）目標達成に必要な活動の洗い出しと体系化

重視すべきこと②、③を進めるためには、プロジェクト目標を達成するために必要な活動が洗い出されている必要がある。そのために目標達成に向けたプロジェクト内容を具体的に取り組むイメージができる活動（業務）単位にまで段階的（階層）に分解する。この分解のための手法として、具体的な活動内容を漏れなくダブリなく洗い出し、活動を細分化して体系的に整理するＷＢＳ（work breakdown structure）がある。

ＷＢＳはプロジェクト完了に必要な全ての活動（業務）を階層的に示した体系図（活動分解図）のことである。ＷＢＳの作成には、まず、プロジェクト活動を大きな単位で分ける（第１段階）。さらに第１段階の活動それぞれをさらに分解する（第２段階）というようにして、活動を細かく分解を繰り返していき、もう分解しきれない活動まで漏れがないように洗い出す。この結果、プロジェクトの全体の個別活動がリストアップされた体系図が出来上がる。なお、WBS作成により列挙された活動をワークパッケージと呼ぶ。

Ⅲ　プロジェクトプロセスをマネジメントすること

図Ⅲ－4　活動の細分化・構造化（WBS）のイメージ

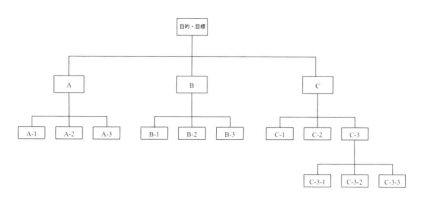

2）チームメンバーの役割と責任を明確化・可視化する

　WBSの作成を通じてワークパッケージが明らかにされた後に、ワークパッケージ毎の役割分担（主・副担当）を行い、役割分担を表として可視化することでメンバーの役割・責任を明確にする。なお、役割分担の前提として、各メンバーが持つスキルや経験を把握しておく必要がある。また、役割・責任を決めたとしても、プロジェクトにおける問題はチームの課題として全員が関与した議論を通じた意思決定を行うことや必要に応じて応援調整も行うことを確認しておく。

図Ⅲ－5　活動分担表

WBS上の活動番号	ワークパッケージ名	成果目標（成果物）	担当者	サブ担当

（4）重視すべきこと③：目標達成への効果的、効率的な道筋が可視化されていること

1）活動スケジュール表

活動スケジュールの位置づけ

　プロジェクトの開始から完了までの工程の全体像を示したスケジュールはプロジェクトの実施や進捗管理の基本となる。プロジェクトの規模・期間にもよるが、スケジュール表の作成は全体を示す「マスタースケジュール表」だけではなく、「月次・週次のスケジュール表」を作成することで、きめ細かい進捗管理や機動的な対応が可能となる。

活動スケジュールの効用

　活動スケジュールの効用は基本的に次の5つである。まず、（ア）効果的、効率的な業務遂行による経営資源の有効活用が可能である

こと。活動が順序立てて進めることができ、時間の有効活用ができる。活動スケジュールから見えてくる個々の活動の間に生じるスポット時間などは活動に今後の活動準備や遅れ対策などにも活用できる。次は、（イ）業務への動機づけが可能であること。メンバーはスケジュールが表す'成果実現への道筋'によって実現への意欲が高まるとともに、スケジュール表に表記される個々の活動納期目標により時間意識を持つことが期待できる。そして、（ウ）プロジェクト全体の工程が可視化されていることから、全体的視点から活動の管理・調整が可能であることなどが挙げられる。例えば、難易度の高い活動を先手着手するための調整である。また、（エ）実施中は計画と比較した進捗状況が確認できるので、目標実現に向けて機動的、柔軟な対応が可能となる。加えて、（オ）プロジェクト完了後、計画と実績の差異からは、計画の不十分さについて具体的な反省ができ、次のプロジェクト計画に活かせることなどである。

2）活動スケジュール表の作成手順

活動スケジュール表の作成手順とそこのツールを説明する。

①活動の依存関係の整理したネットワーク図を作成する。

ＷＢＳの次は活動間の依存関係を明らかにする。依存関係とは活動の前後関係と並列関係のことである。ネットワーク図は、WBS作成により列挙された活動（ワークパッケージ）を依存関係により、最適な順序を決め、可視化したものである。

ネットワーク図を作成後、（ア）活動に漏れはないか（図の作業を

全て行えばプロジェクトは完了するか)。(イ)不必要な活動はないか。(ウ)活動は適切な順になっているか。(エ)並列して実施できるものはないかを確認し、精度を高める。

図Ⅲ-6　活動間の依存関係（例：ネットワーク図）

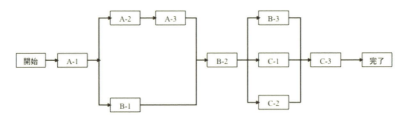

②活動別の活動時間と所要期間の見積もり

活動（ワークパッケージ）別の活動に要する時間と所要期間（活動のスタートから完了までの期間）の見積もりを行う。また、活動時間は担当要員を多くすることで所要期間を短くすることができる。

見積もりは基本的に過去のプロジェクトなど実績値や担当者の経験を参考にする。ただし、活動別の担当者の能力や経験なども考慮に入れ、可能な範囲で余裕を持たせておくことも必要である。また、単位時間に活動量をかけて導かれる活動は、それぞれの数値をベースに見積もる。

③クリティカル・パスの把握

個々の活動（ワークパッケージ）の依存関係を整理したネットワーク図の次は見積もった各ワークパッケージの所要期間をネットワーク図に記入する。これによりプロジェクトの開始から終了までの各

ワークパッケージの所要時間を足していくと、プロジェクトの合計所要時間を見積もることができる。また、プロジェクト期間中で最も時間がかかる経路（パス）を確認することができる。

この経路がクリティカル・パスと呼ばれ、クリティカル・パス上にある活動が遅れるとプロジェクト全体が遅れることになる。なお、クリティカル・パス上にない活動はその活動期間に余裕が生じることになる。つまり、他の活動に影響しないため自由に活動期間を調整できるのである。このようにクリティカル・パス上になく、それと並行して行われる活動に生じる所要期間の余裕（自由度）のことをフロートと呼ぶ。

図Ⅲ－7　活動別の所要日程

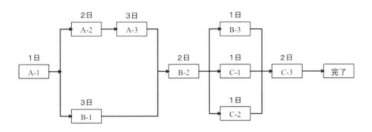

④活動スケジュールの可視化

プロジェクトのスケジュール全体を可視化する形式として「ガント・チャート」がある。ガント・チャートは、ヨコ軸に期間（月・週・日）、タテ軸に活動を列挙したフレームを使い、各活動の開始から終了までの所要期間を線の長さで示す工程表である。なお、スケジュールを作成する時は、立案したスケジュールに問題（納期に間に合わないなど）がある場合、クリティカル・パス上の活動に注目して計

画を見なおす。

　なお、ガント・チャートは各活動を時間軸で表示するためのツールであるが、できる限りネットワーク図で確認した活動間の依存関係も描くようにすることで個々の活動を他の活動との関係で確認することができる。

図Ⅲ－8　活動スケジュール（ガント・チャート）

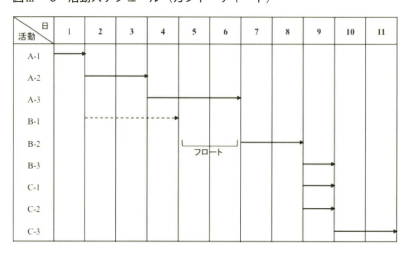

⑤個人別活動負荷の調整を反映

　クリティカル・パスが納期内に収まるような活動スケジュール表が作成されたとして、もし、特定の担当者の負荷が大きい場合、それが原因となり納期遅延になりかねない。よって、個人別の負荷状況を確認し、負荷の差（山谷の差）が大きい場合、その平準化が必要となる。

　平準化のためには個人別の負荷状況を下図のように週単位で可視

化する方法がある。例えば、週当たり35時間(7時間×5日)として、週ごとの山と谷（負荷のバラツキ）の状況を確認した上で、（ア）山の週の予定活動を谷の時期への移動を試みるなど調整を行う平準化を行う。または、（イ）活動が分割できれば、一部業務を他のメンバーが行うことや（ウ）他のメンバーの負荷状況との組み合わせを検討する。他には（エ）目標レベルを下げることや（オ）スケジュール上、可能であれば作業期間を長くする。さらには（カ）要員増、（キ）外注化などあるがその分、追加費用がかかる。

図Ⅲ－9　要員負荷への調整

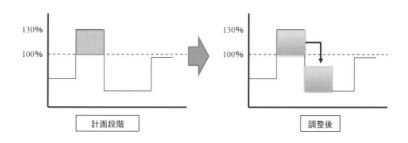

4）モニタリング（進捗の管理）の計画化

モニタリングとはプロジェクトの各業務の進捗状況について把握し、管理することである。実施に適時適切にモニタリングすることで、計画からの逸脱や想定外にトラブルを早期発見・早期対処が可能となり、プロジェクト成果実現に極めて効果的である。この段階で、「い

つ」、「何を」、「どのように」、「誰が」モニタリングし、「誰に」、「どのように」報告するかの仕組みを決めておき、実施での適時適切な進捗管理に備える。

「参考：小規模・短期間プロジェクトの活動スケジュールの作成方法」

小規模・短期間プロジェクトの活動スケジュールは次の手順で作成する。①目的、目標の設定と②方法の創りこみ、③方法の具体的な活動洗い出し（ＷＢＳ）までは基本手順と同じである。その上で、④ＷＢＳの階層を活かしながら、階層内の活動の順を時系列に整理し、⑤それぞれの活動期間を見積もり、⑥可視化する。可視化の際には下図にあるようなフォームを使い、ＷＢＳの階層ごとに活動を時系列に表記し、活動毎の担当者を決め、活動期間に線を引く。図のフォームは活動の階層は２層になっているが、必要に応じて３層化する。

図Ⅲ－10　活動スケジュール表のフォーム例

活動項目			月					月					月					月				
	具体的内容（手順）	担当者	1W	2W	3W	4W	5W	1W	2W	3W	4W	5W	1W	2W	3W	4W	5W	1W	2W	3W	4W	5W
1.	①																					
	②																					
	③																					
2.	①																					
	②																					
	③																					
3.	①																					
	②																					
4.	①																					
	②																					
	③																					
5.	①																					
	②																					
	③																					

5）リスク対処計画

リスクとその対処
プロジェクトにおいて想定できるリスクに、その対処法を決めて、プロジェクト成果の実現性を高める。対処の方法としては、事前にリスクの原因を除くことや、発生に備えて準備するなどをリスクとその対処方針を明らかにしておく。例えば、イベントやセミナーにおいて、予定していたゲスト・講師からキャンセル、または当日、遅れた場合、応募人数が予想以上に多くなる場合、または、野外で行う場合、天候が荒れた場合などのリスクを洗い出し、その対処を行う。

リスクに対処するための基本的な手順は次の通りである。

①リスクを洗い出す
プロジェクトにおいて具体的にどのようなリスクが予想されるかを洗い出し、共有する。リスクの洗い出しはプロジェクト計画書やWBSをもとにブレーンストーミングなどの手法により具体的にかつ漏れなく洗い出す。

②リスクを評価する
洗い出したリスクの「発生する確率」と、「発生した場合の影響の大きさ」を定量化し、リスクを評価する。発生確率と発生した場合の影響度の組合せから生まれる4次元はリスク対処の優先順位、重

点化基準になる。

図Ⅲ-11　リスク評価

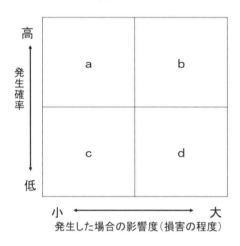

③リスク対応アプローチ

リスク内容やリスク対応の優先順位により、リスク対応策を立案する。対応アプローチとしては、（ア）問題が起こる前に対処しておき、被る損害を防止するための（a）回避（リスクが発生する原因を取り除くこと）、（b）軽減（プロジェクト目標をリスクの影響を受けない程度に変更すること）と、（イ）起きてしまった際、その損害をできるだけ少なくするための、（c）転嫁（リスクが発生した場合、保険など第3者に責任を移転すること）や（d）対処（発生時の対策案を用意しておくこと）。または、（ウ）特に事前の対策を採らず、発生時点で対応する（e）受容がある。

図Ⅲ－12　リスク対処計画

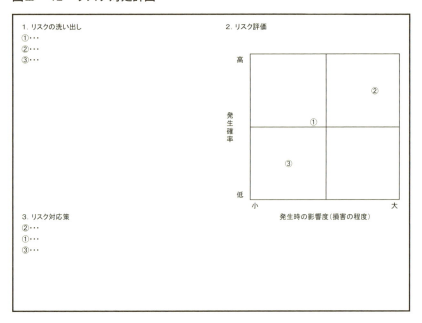

　なお、リスク対処計画で立案したリスク対処策は、活動スケジュール（ガントチャート）に組み込み、実施準備を図る。

（5）その他計画段階でのマネジメント

1）予算計画

　プロジェクト成果は必要な資源は確保しなければならない。そのためには必要な経費を正確に見積もり、期待される成果との関係で予算交渉を行う。そして、その交渉においては相手が納得するような予算の根拠を示す必要がある。

資源の調達計画

活動に必要な資源はWBS上の活動（ワークパッケージ）ごとに洗い出しておくことで漏れが防止できる。活動スケジュールと予算確保の後は、必要な資源を適切な時期、適切な量を調達する。その場合、調達計画を立てるとともに、調達の組織的手続きなどを確認しておく必要がある。また、外部から資源を調達する場合は、適した相手を選定し、適切な契約を結ぶことが求められる。

図Ⅲ-13　資源調達シート

ワークパッケージ名	いつ	資源名	どのように（どこから）	数量（単価）	金額

予算算定

予算算定にはWBS上の各活動の予算費用を一つひとつ算出し、ボトムアップ形式で見積もる。プロジェクト完了に必要な活動が漏れなく、ダブリなく洗い出されたWBSを使うことで必要な予算の算定精度が高まる。なお、WBS上にはないものとして、予備費の計上はプロジェクトのリスク対応に必要であるので確保するようにしたい。

WBS別に全て見積もったあとは、経費項目別に整理し、費用項目別予算を算出する。

予算内やりくり

限られた予算をいかに効率的に活用するかの方法を検討しておく。例えば、施設、機器などをより経済的に調達するなどの計画作成である。

2）必要能力の調達計画

実務においては理想のメンバーを集めることは困難な場合が多いことから、集められたメンバーの能力強化をする必要がある。その場合は、まず、（ア）プロジェクトにおいて、求める要求水準と個々人のスキルの差の把握し、（イ）差を埋めるための対応策として、必要な能力強化を自身で行うことを前提としながらも、（a）サポートをする担当者をつける、（b）外部研修などを活用する。しかしながら、（c）プロジェクトメンバーでは対応できないスキルは専門家を活用するなど計画しておく。

3）ステークホルダーとのコミュニケーション基盤構築

ステークホルダーとは適時適切なコミュニケーションを行うために、企画段階で行ったステークホルダーごとのニーズに対して、（ア）ニーズを満たす方法を設計（内容と媒体）するとともに、（イ）ステークホルダーごとの窓口となる担当者を決めるなどの準備をする。これらの取り組みは実施段階でのめざす姿（目標）実現に重要なことである。

図Ⅲ-14　主なステークホルダーとのコミュニケーションの仕組

ステークホルダー名（プロジェクトにおける位置づけ・役割）	プロジェクトに対するニーズ	コミュニケーション方法	窓口担当者

4）チームビルディング

プロジェクトではそのプロジェクトごとに多彩な団体・人材が集められることから、チームビルディングが必須となる。

メンバー同士の相互理解

集まったメンバー間の相互理解のためには、なぜ、プロジェクトチームに呼ばれたか、どのような貢献が期待されているかなどを役割や専門性とともに共有することから始める。その際、全員で語り合う機会を設けることなど、親密度を高める工夫が求められる。

メンバー全員がプロジェクトの目的、目標を共有し続ける仕組み

プロジェクトはチームとしての相乗効果を高めることは重要である。そのためにはチームワークを促進する情報共有や合意形成のコミュニケーションが重要となる。プロジェクトにおいてはチームミーティングや公式な会議（例えば、キックオフミーティング）だけではなく、日常の活動においてもメンバー全員が同じ方向を向いてい

るかを確認することが重要である。

　話し合いが進む中で、項目によっては衝突が生じる場合がある。その際は、論点を明確にし、深い話し合いができるような交通整理が求められる。深く話し合うことにより参加者間で可能となる情報共有が建設的な議論に発展し、より良いアイデアが生み出されることが期待できる。また、衝突を乗り越えることで相互理解（違いを認め合う）が生まれやすくなるとともに、さらに合意に至ることができれば、信頼感の醸成につながることも期待できるのである。このような効果を生み出すためにも、意見交換において、参加者間の意見がかみ合うような交通整理役は重要である。なお、ミーティングは定期的な公式的なものだけではなく、雑談を中心とした非公式なコミュニケーションの機会もチームとしてのパフォーマンスを維持するために必要であると言える。

チームメンバーの動機づけ

　プロジェクトメンバーそれぞれが重視する価値についての満足度を高めることはメンバーを動機づけることになる。なお、メンバーが重視する価値として、仕事へのやりがい、達成感・満足感、成長、成果実現、報酬・報奨などがあるので、個別に把握しておき動機づけに活用する。

　メンバーの動機づけにはメンバー個々人とのコミュニケーションも有効である。プロジェクトリーダーはいつでも個々人とのコミュニケーションを重視している姿勢であることを伝えるとともに、メンバーからの個別コミュニケーションの要望には必ず、応えることが重要である。

(6) 計画段階のまとめ：実施の準備状況を確認する

1) プロジェクト計画と重視すべきこと

　計画段階のめざす姿（目標）を実現するために重視すべきことの3点を含めて、プロジェクト計画として作成する。その内容を全員が共有し、実施前の準備と実施中の活動の拠り所とする。その主な項目は図Ⅲ－15に記載されているものである。

図Ⅲ－15　プロジェクト計画書の構成

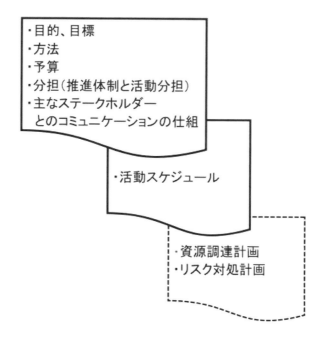

図Ⅲ－16は本節で説明した代表的なツールとそれらの関係性、そして、最終的にプロジェクト計画へのつながりを表わしている。それぞれのツールは前後の関係性の中に位置付けられていることを確認しながら、前工程の情報を踏まえて作成することがより有効なツールに仕上がり、結果として、効果的なプロジェクト計画が作成されることになる。

図Ⅲ－16　プロジェクト計画作成の流れ

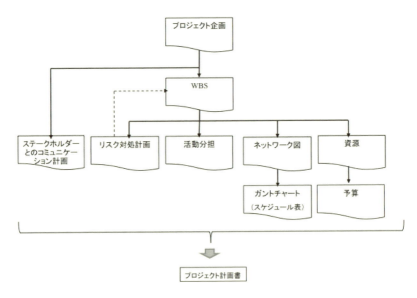

2）実施前のチェック項目

　プロジェクトにおいて目的・目標を明らかにしないままで活動を始めたり、とりあえず手のつけられるところから始めるやり方では、

期待される成果は実現しない。また、計画が粗い場合には不測の事態による活動の停滞が時間不足につながり、プロジェクト遅延、または中断となりかねない。このような事態を防ぐためにもプロジェクトの目的と目標を明確にし、それをプロジェクトメンバーと共有し、プロジェクト計画をかなり詳細に固めて実施に備える必要があるのである。図Ⅲ－17の計画段階におけるプロジェクトマネジメントテーマ別の期待される到達点について、実施段階に入る前にメンバー全員が自ら問うてみて、疑問がある場合は再確認することも実施前の重要な活動である。

図Ⅲ－17　計画段階のチェックリスト

①目的及び目標が明確で、共有されていること
　（目的・目標志向マネジメント）

②目標達成の方法が適切に設計されていること
　（目標実現の手段展開マネジメント）

③個人別の役割、責任が明確化され、共有されていること
　（チーム力形成マネジメント）

④ステークホルダーが洗い出され、それぞれのニーズを把握していること
　（ステークホルダーとの連携充実マネジメント）

⑤想定されるリスクが洗い出されて、それぞれの対処準備がされていること
　（リスク対処マネジメント）

⑥目標への到達の道筋が時系列で具体化されていること
　（納期（スケジュール）マネジメント）

⑦制約を押さえるとともに、必要資源の確認と調達準備がされていること
　（制約内展開マネジメント）

Ⅲ—4　実施段階で重視すべきマネジメント

　本節ではⅢ—1で確認した完了段階のめざす姿（目標）と、そのめざす姿（目標）実現のために重視すべき点を実務で実践するために求められるマネジメントの考え方、進め方、そこで活用する具体的な手法・ツールを説明する。

（1）実施段階のめざす姿（目標）と重視すべきこと

　実施段階のめざす姿（目標）は2つである。1つはプロジェクトメンバー全員が最終目標達成に向けて着実に前進していることを共有していること。もう1つはステークホルダーが進捗状況に納得し、安心して任せていることである。このような状態を実現し、維持するために、（ア）に対しては目標に対して現状を把握し、必要に応じて適切な軌道修正が行われていること。そして、（イ）に対しては②ステークホルダーと良好な関係が維持されていることが重要となる。

（2）重視すべきこと①：目標に対して現状を把握し、必要に応じて適切な軌道修正が行われていること

1）きめ細かい納期管理

進捗管理

実施中で重要なことは、モニタリング（進捗確認）しながら、状況に応じた対応を行うことである。全体の進捗状況はプロジェクトリーダーだけではなく、プロジェクトのメンバー全員が他のメンバー担当業務の進捗状況についても共有し、軌道修正が必要な場合は、チームとして適時適切に調整・協力ができるようにしていくことがチームとしてのプロジェクト展開を進めることが求められる。

図Ⅲ－18　進捗管理シート（5月3W時点の計画と実績比較）

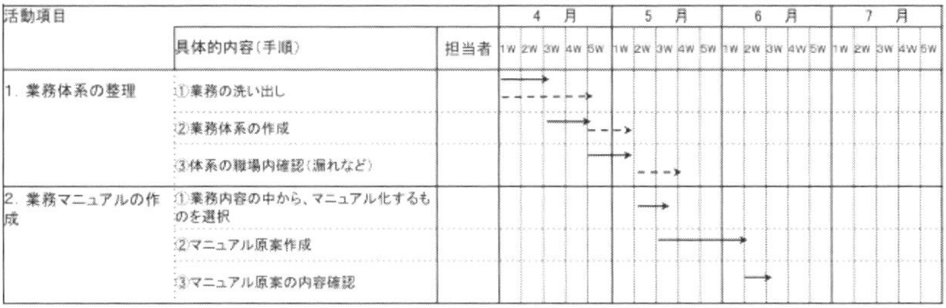

個別対応

実際のプロジェクトによっては担当する業務に慣れていないメンバーが集められる場合もある。その場合、週単位の活動スケジュー

ルを担当者自身で作成することで、納期意識を促すことや活動内容書を作成し、活動の目的、目標、そのやり方を担当者が事前に作成し、リーダーとのすり合わせをすることなどは経験の浅い担当者によっては効果的である。活動内容書は活動毎の目的、目標（品質、納期など）、標準的な手順などを可視化したもので多彩なメンバーで構成されるプロジェクトを着実に展開するためのツールである。

図Ⅲ-19　活動内容書フォーム

```
┌─────────────────────────────────────┐
│ プロジェクト名：                     │
│ 作成日：                             │
└─────────────────────────────────────┘
┌─────────────────────────────────────┐
│ 活動テーマ：                         │
│ 担当者：                             │
└─────────────────────────────────────┘
┌─────────────────────────────────────┐
│ 【活動の目的】                       │
│                                      │
│ 【活動の目標（成果物）】  【活動の納期】│
│                                      │
│ 【活動の内容（手順）】               │
│                                      │
│                                      │
│                                      │
│ 【留意点】                           │
│                                      │
└─────────────────────────────────────┘
```

2）リスク対処

　計画段階でリスク対処計画を策定したとはいえ、実施中はプロジェクト成果に影響を与えかねないトラブルなどの発見を心がけるとともに、発生した場合は、それに適した対応に取り組む必要がある。なお、プロジェクトの存続に関わるような危機的な状況に直面した場合は、まず問題を適切に把握し、成果への影響度を分析する。その上でメンバーを集め、現状認識と対策を検討する一方で、核になるステークホルダーにも迅速・的確に情報を報告する。そして、チームとしての方向性を伝え、承諾を得る。

3）適切な軌道修正

　計画時の目標と現状の実態との差異が生じた場合は、機動的、柔軟に対応する。納期厳守が重要なプロジェクトにおいて、もし遅延しているようであれば、クリティカル・パス上の活動期間を短くする（クラッシング）などで対応する。他には時間外活動、増員、外部活用など追加資源で対応する方法や成果目標レベルを下げる方法もある。そして、計画時に作成した活動スケジュールに修正があった場合は、適時、改定版を作成し、全員と共有する。

4）トレードオフ

　プロジェクト実施中はプロジェクト環境が変化することから、設

定した複数の目標間で、ある目標の実現をめざせば、別の目標を下げざるを得ない（トレードオフ）状況が生じる場合がある。例えば、納期厳守の場合、品質目標のレベルを下げるなどであり、この場合、納期目標と品質目標はトレードオフの関係にある。プロジェクトプロセスにおいて、さまざまなトレードオフの局面では適時適切な意思決定しなければならない。

（3）重視すべきこと②：ステークホルダーと良好な関係が維持されていること

1）ステークホルダーとのコミュニケーション

　ステークホルダーとの良好な関係が構築・維持するために、計画段階で決めた各ステークホルダーのニーズに適したコミュニケーションを適時適切に行なわねばならない。

2）ステークホルダーとの交渉

　時にステークホルダーとの交渉が発生する場合がある。交渉による合意や妥協がプロジェクト成果へ大きく影響する場合が多いので、適切な対応が求められる。『新版　ハーバード流交渉術』の著者であるフィッシャー他は、「交渉とは共通の利害と対立する利害があるときに、合意に達するため相互コミュニケーション」（フィッシャー他,1998）と定義している。同書において交渉のポイントとして参考になるのは、（ア）自分の立場や相手への感情（好き嫌い）と問題

Ⅲ　プロジェクトプロセスをマネジメントすること

を分けて問題解決を優先すること、（イ）２者択一に固執せず、第３の道を見出す努力が重要であること。（ウ）「対立点」、「本音・欲求」、「共通点」という３つの利害を整理、分析することなどである。そして、これらを可能にするためのコミュニケーションにおいては、（ａ）よく聴く（相手が言ったことに十分注意を払い、意味を明確に理解する）とともに、（ｂ）自分の言い分、要望もしっかり相手に伝えながら、（ｃ）互いの共通点（視点、アイデア、価値、関係など）を確認した上で、（ｄ）代替案を示し合うこと、つまり、共通の目標実現に向けて、問題を見直すことを勧めている。

３）ステークホルダーとのコンフリクト（対立）

　コンフリクトが発生した場合には、それを避けることなく、コンフリクトの背景を探り、プロジェクト目的、目標を拠り所に、解決案を提示しながら解消に努める。ステークホルダーとのコンフリクト予防のアプローチとしては、（ア）ステークホルダーに対して、プロジェクトの達成目標、スケジュールについて共有・合意を得ること。（イ）節目ごとの区切りで報告（例：中間報告会）に加え、ステークホルダー別ニーズに合わせたコミュニケーションを適時適切に取ることなどである。

(4) その他実施段階でのマネジメント

1) 予算の進捗管理（実行管理）

予算管理を適時行なうことが制約に対応するために必須である。まずは予算の消化状況を的確に把握する。予算と発生費用に乖離がある場合はプロジェクトの完了までの発生費用を見積もり、調達方法など、可能な改善に取り組む（'やりくり'する）が、場合によっては予備費を活用する。

2) チームマネジメント

チーム内コミュニケーション

チーム内の密度の濃いコミュニケーションの実現には、プロジェクトリーダーの考えがメンバー全員に的確に伝達されるとともに、実行した結果が適時・適切にプロジェクトリーダーにフィードバックされるようなコミュニケーションの仕組みが適切に行なわれているかを確認し、必要に応じて周知徹底する。

小さな成果を重視

プロジェクトで初めて知り合った団体・人材であっても、チームとして、いっしょに何らかの成果を実現させることによる成功体験の共有が親密度を高め、互いの信頼感を醸成し、結果としてチーム力向上につながる。まずは小さくともチームとしての結果を生み出

すことを重視する。なお、ディスカッションでの情報共有や合意形成も1つの成果と考える。多彩なメンバーで行う共同活動であれば、ミーティングではバラバラの意見、かみ合わない意見交換、また異なる意見や対立などはつきものであるが、それを経て、合意形成ができたのであれば、チームとしての共同作業の結果、生み出した大きな成果なのである。

チーム内コンフリクト（対立）への対応

チームメンバー間でコンフリクトに対しては、その原因を究明し、それを評価しながら最適な方法で解消に取り組む。コンフリクトの主な原因となるのは、目標の不一致、方向性の曖昧さ、役割不明確、スケジュール、予算の衝突などである。

コンフリクト解消の主なアプローチとしては、まず当事者を含めて、コンフリクトの対象とその原因を明らかにした上で、（ア）鎮静化（一致点を強調し、もめ事を押さえる）、（イ）妥協化（当事者にある程度の満足をもたらせる）、（ウ）強制化（強権を発動する）などがある。それぞれメリット、デメリットがあるので、その状況に応じた対応が求められる。

なお、コンフリクトから真の問題が明らかになったり、その解決によってチーム力向上につながったり、衝突しながら独創的なアイデアが生み出されることもある。よって、対策を急いで行うのではなく、まずは対立点の明確化とその背景となった状況の整理が重要であり、そこからの情報が今後のプロジェクト展開に貢献することになる場合があることを理解して、対処することが求められる。

Ⅲ―5　完了段階で重視すべきマネジメント

　本節ではⅢ―1で確認した完了段階のめざす姿（目標）と、めざす姿（目標）実現のために重視すべき点を実務で実践するために求められるマネジメントの考え方、進め方、そこで活用する手法・ツールを説明する。

（1）完了段階のめざす姿（目標）と重視すべきこと

　完了段階のめざす姿（目標）は、(ア) ステークホルダーに結果（成果）が受け入れられること。(イ) 次のプロジェクトに活かす課題とその対策案が共有されていることである。これらの実現に重視すべきことは、(ア) に対しては、①問題解決度で説明責任を果たせるものを作成していること。(イ) に対しては②メンバー全員でプロジェクト経験からの教訓抽出を行い、課題を設定するとともに改善策を策定することである。

（2）重視すべきこと②：問題解決度で説明責任を果たせるものを作成していること

1）問題解決度からの報告

　プロジェクトの完了報告は組織、地域の問題解決度（プロジェクトの目的達成度）の観点から行う。企画段階で設定した成果（アウトカム）目標に対する到達点を組織、地域の問題の解決度として報告する。なお、成果との関係する活動内容とともに活動結果（アウトプット）の記載も行うことで成果（アウトカム）への過程が伝わるが報告で重要なのは活動内容や活動結果ではないことを理解し、表現することが求められる。

2）課題と次の方向性も含める

　多くのプロジェクトは組織が環境変化に対応するため、めざすまちづくりに向けて行われる。しかし、成果（アウトカム）の実現は簡単ではなく、成果（アウトカム）実現は中長期かかる場合がある。また、プロジェクトを実施してみて様々な要因が浮かび上がり、結果として当該プロジェクト期間ではめざした成果（アウトカム）実現が至らない場合もある。ただし、プロジェクトが行われた背景にある組織、地域の問題を解決することを忘れてはならない。今回のプロジェクトで成果（アウトカム）が実現できなくとも、今回のプロジェクトで前進した到達点を踏まえ、成果（アウトカム）実現に

向けて、次のプロジェクトへつなげていくことが当該プロジェクトチームに求められている。

　完了時において説明責任を果たすことには、プロジェクトを通じての成果（アウトカム）目標に対して、到達点を報告するとともに、未達成であったプロジェクトがめざした成果（アウトカム）目標実現に向けて、次の方向性を提示することも当プロジェクトチームの完了報告に含まれなければならない。そのためにはプロジェクト全体を評価し、未達成になった背景を中心に課題を整理する。その課題を踏まえて次の方向性を提示していく。これをもとにプロジェクトが解決したい組織、地域の問題解決につなげる次のステップが始まる。公的部門の問題解決は短期間では困難な場合が多い、プロジェクト毎に適切な事後評価を行い、次のプロジェクト企画へつなげていくプロジェクトプロセスを分断せずに連鎖するPDCAサイクルの継続が必要なのである。

3）'伝わる'報告内容

　完了報告においても、企画書同様に'基準とストーリー性'を活用することで第3者に伝わりやすい報告が可能となる。基準は（ア）今、何が問題なのか。その解決のために（イ）何をどのようにするのか。そうすると（ウ）どのような良い変化が組織、または地域に生まれるか。それには（エ）いくらかけるのかなどに企画段階で設定した項目である。それぞれについてプロジェクトの結果、それぞれに対して評価した結果を記載する。ストーリー性は（ア）から（エ）を踏まえ、プロジェクトの結果、（オ）何が取り残されたか。よって、

（カ）次はどうするのかという項目について、つながりを持たせて表現していく。

（3）重視すべきこと③：メンバー全員でプロジェクト経験からの教訓抽出を行い、課題を設定するとともに改善策を策定すること

1）教訓抽出を次に活かす

　プロジェクト体験を次に活かすにはプロジェクト特性別の教訓抽出からの情報が重要であり、それを引き出すために図Ⅲ－20の視点を活用する。
　プロジェクト特性に応じた効果的な学習サイクルにするためには、成果への道筋となっている計画の内容が重要となる。例えば、計画通りに進まなかった場合、結果評価において、何が、どのように計画通りに行かなかったのか、それはなぜ、そうなったのかがわからなければ、学習サイクル上、次につながるような意味のある教訓は抽出できない。完了段階の評価において、意味のある教訓を抽出し、次に活かすためには計画内容の質が重要なのである。つまり、プロジェクトマネジメント能力向上の学習サイクルを効果的に展開するには、事後評価の質が重要であり、その質を高めるには、実施中・完了時の評価が適切に行えるような計画内容の"質の高さ"が求められるのである。

図Ⅲ－20　完了時の特性別評価内容

① プロジェクト成果はプロジェクト目的・目標を実現することになったか
　（目的・目標志向マネジメント）

② プロジェクト内容は適切であったか。軌道修正は適時適切に行えたか
　（目標実現の手段展開マネジメント）

③ 役割の分担は適切であったか。メンバーは自らの役割を正しく認識し活動したか
　また、チーム内コミュニケーションはうまくいったか
　（チーム力形成マネジメント）

④ ステークホルダーとの良好な関係を維持できたか。ステークホルダーの協力は得られたか
　（ステークホルダーとの連携性充実マネジメント）

⑤ リスクへの対処は適切であったか
　（リスク対処マネジメント）

⑥ プロジェクトは計画通りの期日に終了したか。実施中の進捗管理は適時適切に行われたか
　（納期（スケジュール）マネジメント）

⑦ プロジェクトの総経費は予算通りであったか
　（制約内展開マネジメント）

2）組織として次につなげる事後評価

　プロジェクト経験からの教訓をメンバー間で共有するとともに、組織としてのプロジェクトノウハウとして蓄積し、次のプロジェクトへつなげる目的の事後評価の進め方は、①到達点、②原因分析、③教訓抽出、④次期への課題確認と進める。まず、①到達点とは、目標に対しての結果段階での到達点を客観的・具体的に測定する。目標設定で活用した指標を使い、現段階の水準を把握すること。次の②原因分析は①の到達点、つまり結果に到った原因を分析すること。対目標に対しての未達成の場合だけでなく、達成した場合も行いたい。達成した要因分析は新たなプロジェクトへの挑戦に活用で

きるからである。そして、③教訓抽出は、目標実現に向けて活動してきた過程を振り返り、学んだ点を整理する。④次期への課題は、③の中でも目標実現のために必ず、克服しなければならない課題を設定する。

図Ⅲ－21　事後評価の進め方

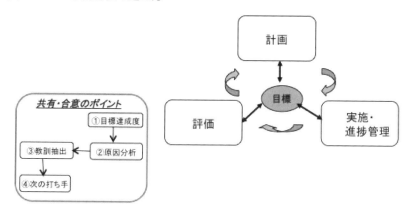

Ⅳ　プロジェクトリーダーになった時に心がけたいこと

Ⅳ—1　プロジェクトリーダーが重視すべきこと

（1）　リーダーが重視すべき3つのこと

　プロジェクトの目的達成（地域の問題を解決すること）に責任を持つリーダーが重視すべきことは、①成果への道筋を適切に舵取る（プロセスマネジメント）することであるが、そのプロジェクトプロセスにおいて、大きな揺れを起こし、'舵とり'を困難にするなど成果に大きな影響を与える、②チーム力を構築し、戦力化することと、③多彩なステークホルダーとの関係構築することに対するマネジメントも重視しなければならない。

（2）成果志向のプロセスをマネジメントすること

　プロジェクトプロセスのマネジメント活動を要約すると、①企画段階ではプロジェクト目的を明確にし、チーム・ステークホルダー間で共有した上で具体的な成果目標を設定し、その実現の方法を設計すること。②計画段階では方法を具体的に展開するための分担・活動計画を作成し、チーム・ステークホルダーと共有する。そして、実施中は、③適時適切な進捗管理と活動の節目ごとに評価し、次に

活かすことである。リーダーとして押さえておかなければならないことは、①から③の活動を行う目的が、"成果へ向けたプロセス上生じる問題（成果実現への障害）を予防するとともに、早期発見し、適切・迅速に対応する"ためということである。このことからリーダーがプロセスマネジメントで重視しなければならないのは、企画・計画の出来栄えが成果に大きく影響することである。つまり、プロセスマネジメントの効果は企画・計画の質に依存することである。よって、企画・計画段階での目的・目標を明確化し、設計した実現方法を関係者間で共有することに加えて、リスク対処を組み込んだ具体的な活動計画の作成はプロジェクトプロセス上で発生する問題を未然に防ぐとともに、早期発見とそれに適切・迅速に対応することを可能にし、成果を生み出すために重要なのである。

　事例1・2のプロジェクト成果に大きな影響を与えたものはリーダーと参画者の使命感の強さがベースであることは間違いなく、これは成果に影響を与えた様々な行動を支えるものであった。何としても地域の問題を解決したいという想いが根底にあった。その上で、その達成のために行ったことは企画段階では問題を解決できる対策（事業内容）をチーム自らで創り上げ、そして、それを具体的な目標とその方法を設計し、その活動計画策定を導いた。実施後の進捗管理を通じて、必要に応じた軌道修正というプロジェクトプロセスをマネジメントしたのである。

（3）チーム力を構築し、戦力化すること

　地域問題を解決するための協働事業はプロジェクト型業務に慣れ

ていないメンバーや求められる能力を持った人材で構成する場合が多いため、チームの活性化、メンバーの戦力化は重要なマネジメント項目である。リーダーはプロジェクトプロセスにおいて、チーム内で生じる様々な問題への予防やその発生時での適切な対処でチーム活性化を継続的に行うこと。そして、個々の役割を担えるようにメンバーの能力開発も必要に応じて取り組むことが求められる。

　事例1において、はじめは信頼関係が築かれていなかったチームにおいて小さな成果実現で変化が起きた背景には、膨大な時間を費やしたメンバー間の徹底した議論のぶつかり合いがあった。時間をかけた議論であったが、そこで合意した活動が成果につながり、それが信頼関係構築につながった。こうした成果につながったこともあり、のちにメンバー全員が議論のぶつかり合いはよかったと語っている。

　メンバーは時間をかけた議論の結末は、"折り合った"という表現を使っているが、単なる妥協による産物とは異なり、結果的に次の展開となる内容であった。この背景には（ア）メンバー間で問題意識と解決意欲の共有ができていたこと。このことは両者とも協働という機会を有効に活用したい（失敗したくない）ということがあった。次に、（イ）核になるメンバーがテーマについての知識を持っていたこと。特に社会福祉士の資格を有し、現場目線でコミュニケーションを取れ合ったこと。そして、（ウ）議論を通じて、"折り合い"までの、ぶつかり合いの長さと密度を通じて、お互いがさらに問題意識や専門性、経験などを深く確認し合った点などはその後、協働活動が効果的、効率的になった。

　また、チームメンバーの戦力化については、役割を担うために必

要な能力を明らかにしながら、その習得の環境を提供し、能力強化をサポートするとともに、実践で任せている。その背景には動機づけをしながら、結果を評価し、自信を持たせるコミュニケーションがあった。事例2でも同様に実施前には委託先の法人との密なるコミュニケーションを行うとともに委託後の業務フロー・分担を可視化したマニュアルをいっしょに作成していった。また、人材育成面では実施後、定着に向けて、包括支援センター業務を行政が支援することや既に地域ある関連団体との連携やそこからの支援が包括支援センター職員の戦力化につながった。

（4）多彩なステークホルダーとの関係を構築すること

　地域の問題解決という事業は公共性の観点から住民をはじめ、多くのステークホルダーへの説明責任が求められるが、その問題意識が理解されるならば、ステークホルダーからの協力・支援が期待できる。つまり、地域の問題を協働して行うプロジェクトはチームだけの'自己満足'ではなく、ステークホルダーの共感を得る（地域の問題解決であると住民を含めて多くのステークホルダーに認める）ことができれば、企画は承認され、実施もスムーズに展開しやすくなるだけではなく、ステークホルダーから協力・支援を得られる可能性があり、結果的に成果に大きな影響を与えるのである。リーダーはこうしたプロジェクト特性とステークホルダーとの関係を理解し、ステークホルダーとの関係性構築に取り組む必要がある。

　事例1では、リーダーやメンバーが積極的に現場や団体会合に顔を出し、情報交換しながら、現場ニーズを汲み取りながら協力関係

を構築していった。ステークホルダーの持つ情報、問題意識など、ローカルナレッジを活用して立案するなど、立案段階から巻き込んだステークホルダーとの連携関係構築やNPOへの支援につなげた点は成果実現に強い影響を与えた。特に当地域の特性に適した問題解決策の立案はステークホルダーとの連携が大きかった。専門職の業務上の問題意識、また、地域の相談窓口で多種多彩な相談を受けている職員からの情報を受けるだけではなく、その情報を地域の現状（実態、課題）に活かして、地域に適した方策を創り上げていったことである。事例2においても、地域の関連団体との連携や支援を受けることができ、早期定着化に大きく影響した。その背景には委託前に行政職員が地域に出向き、委託化の趣旨を改めて直接説明するとともに、委託先職員を直接紹介することや実施後、関連団体との勉強会への参加促進するなど地域団体と交流を深めることや委託先職員の能力開発の環境整備を行っている。

（5）プロセスマネジメントにおけるコミュニケーション

　（2）から（4）の内容から言えることは、プロセスマネジメントにおいて、チームを活かし、メンバーを戦力化することやステークホルダーとの良好な関係構築には"コミュニケーションの質"が大きく影響することである。
　リーダーはプロジェクトを引っ張っていくことが求められていると思われるが、チーム力を引き出し、ステークホルダーからの支援を活かすためには、一方的に自分の考えを押し付けたりすることなく、相手の考えを引き出し、お互いの意見をかみ合わせて、情報共

有し、合意していくコミュニケーションが問題解決への意欲を高め、行動を促進するのである。このような展開で最も重要な点は、'協働の目的・目標'を常に拠り所としてコミュニケーションすることである。例えば、対策案づくりでは参加メンバーそれぞれが持つ情報・体験を活かすことが、効果的、効率的な対策選択を可能とするが、その過程で生じる案のぶつかり合い（自らの案を通そうとする、相手の案を否定する）は建設的に行わなければならない。例えば、意見対立でよく見受けられるのが、対策案という'手段のぶつかり合い'である。「これをやりたい」、「いや、できない。それより、こちらの方がいい」というやり取りである。このような場合は、例えば、それぞれの提案を聞き、言い分を明らかにして共有する。その上でプロジェクト本来の目的（何のために我々は集まっているのか）の観点からそれぞれの意見を比較しながら議論を行うことができれば、さらに良い案を生み出すことにつながることが期待できる。よって、多彩なメンバーの議論では進行役が情報共有を行い、最終的に最適な案の合意へつなげる建設的な議論の舵とりをすることが求められる。進行役は常に目的・目標を拠り所に、中立的に議論の舵とりできる人材、つまり、手段発想で議論するメンバーに目的・目標を気づかせ、議論を軌道修正する役割が期待されるのである。このことをリーダーは理解し、進行役を指名し、必要に応じてサポートするなどコミュニケーションの質を高めるマネジメントが求められる。

Ⅳ-2　リーダーシップ発揮に参考にしたいモデル

(1) メンバーを活かす

　基本的に今後、地域で求められている地域の問題解決を多元主体で行うプロジェクトのリーダーは"権威も権限も十分でない"と考えられる。そのような権威も権限も不十分な中で人を動かす技術を紹介している『影響力の法則[3]』で著者のコーエンとブラッドフォードが提案している「影響力の法則　コーエン＆ブラッドフォードモデル」（下図）は地域における協働プロジェクトのリーダーに参考になる。

図Ⅳ-1　「影響力の法則　コーエン＆ブラッドフォードモデル」

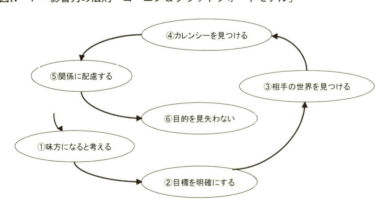

著者は組織の中で人を動かすために必要なことは、（ア）仕事の質と（イ）人間関係の質の両方を保つことを挙げている。人を動かす力は他者のためになることを常に真剣に考えている人が発揮できる能力であり、それは相手との信頼関係を築き、双方にとってよい結果をもたらす仕事をする人である点を強調している。そして、人を動かす方法は様々（論理的な説得、感動的なアピール、相談、相手の機嫌をとる、個人的な魅力、共同戦線、強い圧力など）あるが、これらの根底にあるのが、'こちらが望むものを手に入れるために、相手にとって価値のある何かを差し出すこと' であるとし、法則はそれを前提にしていることを著者は説明している。

「コーエン＆ブラッドフォードモデル」における６つの法則をリーダーとメンバーの関係で説明する。

「法則１：味方になると考える」は、非協力的な人も仕事上の味方になりうると考えること。リーダーはメンバーが誰であっても味方（パートナー）になり得ると自分に言い聞かせること。

次の「法則２：目標を明確にする」は、最も重要な目標への道筋を外れないように、自分がめざすものの核となるものを十分に考えておくこと。リーダーの個人的な欲望や価値観と仕事上の要請を混同させず、メンバーに混乱や反発を感じさせないこと。

「法則３：相手の世界を理解する」はメンバーの目標、ニーズ、心配事に関連しそうな組織の状況を理解しようと努めること。例えば、メンバーが気にかけていることを理解した上で協力を依頼すること。

3　原題は「Influence without Authority」直訳は「権威（権限）のない影響力」

「法則4：カレンシーを見つける」としている。まず、カレンシー（直訳は通貨）であるが、法則では人々が気にかけていること（または欲しいもの）を指す。リーダーの持っているカレンシーを使い、メンバーの持っているカレンシー、リーダーが欲しいものを引き出すこと。著者は組織の中で活用できる「カレンシー」の種類として、ビジョン、倫理的な正しさ、新しい資源（予算、時間、支援など）、承認、理解、感謝、当事者意識などを挙げている。そして、人はひとつのことだけに価値を置いていないことから、カレンシーに使える自分のリソースを把握していることが人を動かす上で重要であるが、多くの人が自分のリソースを理解していない点を強調している。こうして、リーダーはメンバーの求めるカレンシーを理解するとともに、自分の持っている（メンバーに与えることができる）カレンシーの棚卸しをしておくことがリーダーの活動を効果的にすると言える。

「法則5：関係に配慮する」は2つある。ひとつは相手（メンバー）との関係（友好的か、敵対的か）であり、2つめは相手（メンバー）がどのようなワークスタイルを好むかを考慮する。例えば、討議の前に細かい分析結果をしりたいのか、大枠だけでいいのかなど自分のやり方だけで進めても相手が受け入れないこと。これは信用と信頼を築くことに重要な点と強調している。

最後は「法則6：目的を見失わない」は、リーダーは常にプロジェクトの目的（プロジェクトを成功する）を忘れずに行動すること。

（2）チームビルディング

　PMBOKではプロジェクトプロセスにおけるチームビルディングについてタックマンモデル[4]を参考にチームの状態を5段階で整理している（PMBOK,2008）。
　5段階とは、（ア）成立期、（イ）動乱期、（ウ）安定期、（エ）遂行期、（オ）解散期である。
　（ア）成立期とはチームが顔を合わせ、プロジェクトの内容とメンバーの公式や役割と責任について学ぶ段階である。この段階ではチームメンバーは、個々に独立しており、心を開いていないことが多い。
　（イ）動乱期とはチームはプロジェクト作業、技術的な決定、プロジェクトの活動に取り組みはじめる段階であり、チーム・メンバーが協力的でなく、異なる考えや観点に心を開いて対応できない場合は、チーム環境が破壊的なものになる。
　（ウ）安定期はチームメンバーが一緒に作業をはじめ、チームを支援するために自らの習慣や行動を調整し始め、チームがお互いを信頼しはじめる段階である。
　（エ）遂行期に達したチームはよく組織されたグループとして機能する段階であり、相互に依存関係を保ち、課題に円滑かつ効果的に対処できるようになる。
　（オ）解散期は、チームは作業を完了して、プロジェクトから転出

4　PMBOKが参考にしているタックマン（Tuckman）の研究は規模の小さなグループであり、今後の地域協働プロジェクトに参考になると考える。なお、タックマンは4段階の区分をしている（Tuckman,1965）。

していく段階である。

　リーダーはチームの状況を前提にチームビルディングのために手を打つことが求められる。リーダーは特に（ア）（イ）の段階では積極的にチームメンバーに関わることが必要である。例えば、（ア）の段階では、プロジェクトの目的、目標を共有することとともにその達成に向けて克服しなければならない課題も共有すること。（イ）の段階はチーム内で積極的なコミュニケーション機会を作ることや対立（コンフリクト）をうまく処理することを通じてメンバー感の理解促進を図るなどである。

あとがき

　本書は自治体内・地域で増加しているプロジェクトにおいて、成果を生み出すためのプロジェクトマネジメントについて述べてきた。特に、今後、増加する「多元的主体による地域問題解決のためのプロジェクト」において、舵取り役として期待される自治体職員は、プロジェクトマネジメントスキルの開発が求められる。

　本来、プロジェクトマネジメントスキルは今、自治体職員にその発揮が期待されているスキルなのであるが、しかし、'事業の固定化・硬直化'、'事業が定型化している'と指摘されていることからも、プロジェクトをマネジメントするために求められるスキルを開発、強化する機会が少ないのが実態である。よって、改めて、（ア）今からプロジェクトをマネジメントすることの重要性、（イ）プロジェクトマネジメントスキルの開発を地域経営における人材開発ビジョンの中核として位置づけ、これらを組織としての共有し、その行動化が強く望まれる。

　冒頭でも説明したが、本書は入門編として、プロジェクトの経験が少ない自治体職員を対象に作成している。プロジェクトを展開する上で最低限、押さえておくべき考え方・進め方とそこで活用する手法、そして、メンバー間で共有するための可視化のツールを説明

あとがき

している。プロジェクトマネジメントスキルの開発・向上は"良い体験"の積み重ねが効果的である。本書が読者の"良い体験"への指針となり、実践を通じた学習効果を高め、プロジェクトマネジメントスキルの習得と強化に活用されることを期待している。

【主な参考文献】

江崎和博他(2012)『未来へつなぐデジタルシリーズ6 プロジェクトマネジメント』共立出版

中嶋秀隆(2006)『改訂3版 PM プロジェクトマネジメント』日本能率協会マネジメントセンター

西村克己(2000)『よくわかるプロジェクトマネジメント』株式会社日本実業出版社

日本プロジェクトマネジメント協会(2007)『新版 P2M プロジェクト&プログラムマネジメント標準ガイドブック』日本能率協会マネジメントセンター

藤垣裕子(2008)「ローカルナレッジと専門知」『岩波講座 哲学4 知識/情報の哲学』岩波書店

プロジェクトマネジメント協会(2008)『プロジェクトマネジメント知識体系ガイド:PMBOK(第4版)』

プロジェクトマネジメントハンドブック編集委員会(2008)『プロジェクトマネジメントハンドブック』オーム社

矢代隆嗣(2015)『地域主体のまちづくりで「自治体職員」が重視すべきこと』 公人の友社

矢代隆嗣(2015)「地域に"活きる協働"に向けて」『地方行政6月15日』時事通信社

矢代隆嗣(2014)「自治体職員に求められるプロジェクトマネジメント」『地方行政5月22日』時事通信社

矢代隆嗣(2013)『NPOと行政との《協働》活動における"成果要因"』公人の友社

A.コーエン、D.ブラッドフォード(高嶋成豪他訳)(2007)『影響の法則』税務経理協会

A. コーエン、D. ブラッドフォード（高嶋成豪他訳）（2009）『続・影響の法則』税務経理協会

R. フィッシャー他（金山宣夫他訳）（1989）『新版　ハーバード流交渉術』三笠書房

S. ベーカー他（中嶋秀隆訳）（2005）『世界一わかりやすいプロジェクトマネジメント』総合法令出版株式会社

Bruce W.Tuckman (1965) Developmental Sequence in Small Groups (Psychological Bulletin,Vol.63,No.6,384-399)

【著者紹介】

矢代 隆嗣（やしろ・りゅうじ）

㈱アリエール・マネジメント・ソリューションズ代表取締役
　コンサルティングファームにて、組織・業務・人材構造改革、行政評価などのコンサルティング活動後、㈱アリエール・マネジメント・ソリューションズ設立。キャパシティ・ビルディング・マネジメントをテーマに民間企業、行政機関、非営利団体へのコンサルティング、研修を中心に活動。日本行政学会、日本地方自治学会所属。法政大学大学院兼任講師。法政大学大学院公共政策研究科博士後期課程修了、ニューヨーク大学行政大学院（MS：国際公共機関マネジメント）修了、エディンバラ大学経営大学院（MBA）修了。

　主な著書として『地域主体のまちづくりで「自治体職員」が重視すべきこと』（公人の友社、2015年）、『NPOと行政との《協働活動》における成果要因』（公人の友社、2013年）、『プログラム評価入門（共訳）』（梓出版、2009年）など。

自治体プロジェクトマネジメント入門
協働による地域問題解決の手法とツール

2016年1月28日　初版発行

著　者　　矢代　隆嗣
発行人　　武内　英晴
発行所　　公人の友社
　　　　　〒112-0002　東京都文京区小石川 5-26-8
　　　　　TEL 03-3811-5701
　　　　　FAX 03-3811-5795
　　　　　Eメール info@koujinnotomo.com
　　　　　http://koujinnotomo.com/
印刷所　　倉敷印刷株式会社

ISBN978-4-87555-678-7

No.7 **地域からエネルギーを引き出せ！ PEGASUS ハンドブック**
監修：堀尾正靱・白石克孝、著：重藤さわ子・定松功・土山希美枝 1,400円

No.8 **地域分散エネルギーと「地域主体」の形成**
風・水・光エネルギー時代の主役を作る―
編：小林久・堀尾正靱、著：独立行政法人科学技術振興機構 社会技術研究開発センター「地域に根ざした脱温暖化・環境共生社会」研究開発領域 地域分散電源等導入タスクフォース 1,400円

No.9 **省エネルギーを話し合う実践プラン46**
エネルギーを使う・創る・選ぶ
編著者：中村洋・安達昇
編著者：独立行政法人科学技術振興機構 社会技術研究開発センター「地域に根ざした脱温暖化・環境共生社会」研究開発領域 1,500円

No.10 **お買い物で社会を変えよう！**
レクチャー&手引き
編著：永田潤子、監修：独立行政法人科学技術振興機構 社会技術研究開発センター「地域に根ざした脱温暖化・環境共生社会」研究開発領域 1,400円

[地方財政史]
高寄昇三著　各5,000円

大正地方財政史・上巻
大正デモクラシーと地方財政

大正地方財政史・下巻
政党化と地域経営
都市計画と震災復興

昭和地方財政史・第一巻
昭和格差と両税委譲
地域救済と財政調整

昭和地方財政史・第二巻
補助金の成熟と変貌
匡救事業と戦時財政

昭和地方財政史・第三巻
府県財政と国庫支援
地域救済と府県自治

昭和地方財政史・第四巻
町村貧困と財政調整
昭和不況と農村救済

昭和地方財政史・第五巻
都市財政と都市開発
都市経営と公営企業

No.9 「政策財務」の考え方　加藤良重　1,000円

No.10 市場化テストをいかに導入すべきか　竹下譲　1,000円

No.11 市場と向き合う自治体　小西砂千夫・稲澤克祐　1,000円

[北海道自治研ブックレット]

No.1 市民・自治体・政治 再論・人間型としての市民　松下圭一　1,200円

No.2 議会基本条例の展開 その後の栗山町議会を検証する　橋場利勝・中尾修・神原勝　1,200円

No.3 福島町の議会改革 議会基本条例＝開かれた議会づくりの集大成　溝部幸基・石堂一志・中尾修・神原勝　1,200円

No.4 議会改革はどこまですすんだか 改革8年の検証と展望　神原勝・中尾修・江藤俊昭・廣瀬克哉　1,200円

[地域ガバナンスシステム・シリーズ]
(龍谷大学地域人材・公共政策開発システム・オープン・リサーチセンター(LORC)…企画・編集)

No.1 地域人材を育てる自治体研修改革　土山希美枝　900円

No.2 公共政策教育と認証評価システム　坂本勝　1,100円

No.3 暮らしに根ざした心地よいまち　1,100円

No.4 持続可能な都市自治体づくりのためのガイドブック　1,100円

No.5 英国における地域戦略パートナーシップ　編：白石克孝、監訳：的場信敬　900円

No.6 マーケットと地域をつなぐパートナーシップ　編：白石克孝、著：園田正彦　1,000円

No.7 政府・地方自治体と市民社会の戦略的連携　的場信敬　1,000円

No.8 多治見モデル　大矢野修　1,400円

No.9 市民と自治体の協働研修ハンドブック　土山希美枝　1,600円

No.10 行政学修士教育と人材育成　坂本勝　1,100円

No.11 アメリカ公共政策大学院の認証評価システムと評価基準　早田幸政　1,200円

No.12 イギリスの資格履修制度 資格を通しての公共人材育成　小山善彦　1,000円

No.14 炭を使った農業と地域社会の再生 市民が参加する地球温暖化対策　井上芳恵　1,400円

No.15 対話と議論で〈つなぎ・ひきだす〉ファシリテート能力育成ハンドブック　土山希美枝・村田和代・深尾昌峰　1,200円

No.16 「質問力」からはじめる自治体議会改革（品切）　土山希美枝　1,100円

No.17 東アジア中山間地域の内発的発展 日本・韓国・台湾の現場から　清水万由子・尹誠國・谷垣岳人・大矢野修　1,200円

No.18 カーボンマイナスソサエティ クルベジでつながる、環境、農業、地域社会　編著：定松功　1,100円

[生存科学シリーズ]

No.2 再生可能エネルギーで地域がかがやく　秋澤淳・長坂研・小林久　1,100円

No.3 小水力発電を地域の力で　小林久・戸川裕昭・堀尾正靱　1,200円

No.4 地域の生存と社会的企業　柏雅之・白石克孝・重藤さわ子　1,200円

No.5 地域の生存と農業知財　澁澤栄・福井隆・正林真之　1,000円

No.6 風の人・土の人　千賀裕太郎・白石克孝・柏雅之・福井隆・飯島博・曽根原久司・関原剛　1,400円

- No.73 地域民主主義の活性化と自治体改革　山口二郎　900円
- No.74 分権は市民への権限委譲　上原公子　1,000円
- No.75 今、なぜ合併か　瀬戸亀男　800円
- No.76 市町村合併をめぐる状況分析　小西砂千夫　800円
- No.78 ポスト公共事業社会と自治体政策　五十嵐敬喜　800円
- No.80 自治体人事政策の改革　森啓　800円
- No.82 地域通貨と地域自治　西部忠　900円（品切れ）
- No.83 北海道経済の戦略と戦術　宮脇淳　800円
- No.84 地域おこしを考える視点　矢作弘　700円
- No.87 北海道行政基本条例論　神原勝　1,100円
- No.90 「協働」の思想と体制　森啓　800円※

- No.91 協働のまちづくり 三鷹市の様々な取組みから　秋元政三　700円※
- No.92 シビル・ミニマム再考　松下圭一　900円
- No.93 市町村合併の財政論　高木健二　800円※
- No.95 市町村行政改革の方向性　佐藤克廣　800円
- No.96 創造都市と日本社会の再生　佐々木雅幸　900円
- No.97 地方政治の活性化と地域政策　山口二郎　800円
- No.98 多治見市の総合計画に基づく政策実行　西寺雅也　800円
- No.99 自治体の政策形成力　森啓　700円
- No.100 自治体再構築の市民戦略　松下圭一　900円
- No.101 維持可能な社会と自治体　宮本憲一　900円
- No.102 道州制の論点と北海道　佐藤克廣　1,000円

- No.103 自治基本条例の理論と方法　神原勝　1,100円
- No.104 働き方で地域を変える　山田眞知子　800円（品切れ）
- No.107 公共をめぐる攻防　樽見弘紀　600円
- No.108 三位一体改革と自治体財政　岡本全勝・山本邦彦・北良治・逢坂誠二・川村喜芳　1,000円
- No.109 連合自治の可能性を求めて　松岡市郎・堀則文・三本英司・佐藤克廣・砂川敏文・北良治他　1,000円
- No.110 「市町村合併」の次は「道州制」か　森啓　800円
- No.111 コミュニティビジネスと建設帰農　松本懿・佐藤吉彦・橋場利夫・山北博明・飯野政一・神原勝　1,000円
- No.112 「小さな政府」論とはなにか　牧野富夫　700円
- No.113 栗山町発・議会基本条例　橋場利勝・神原勝　1,200円
- No.114 北海道の先進事例に学ぶ　宮谷内留雄・安斎保・見野全・佐藤克廣・神原勝　1,000円

- No.115 地方分権改革の道筋　西尾勝　1,200円
- No.116 転換期における日本社会の可能性～維持可能な内発的発展　宮本憲一　1,100円

[TAJIMI CITY ブックレット]
- No.2 転型期の自治体計画づくり　松下圭一　1,000円
- No.3 これからの行政活動と財政　西尾勝　1,000円（品切れ）
- No.4 構造改革時代の手続的公正と第二次分権改革　鈴木庸夫　1,000円
- No.5 自治基本条例はなぜ必要か　辻山幸宣　1,000円
- No.6 自治のかたち、法務のすがた　天野巡一　1,100円
- No.7 自治体再構築における行政組織と職員の将来像　今井照　1,100円（品切れ）
- No.8 持続可能な地域社会のデザイン　植田和弘　1,000円

No.27 比較してみる地方自治　田口晃・山口二郎　600円 *
No.28 議会改革とまちづくり　森啓　400円（品切れ）
No.29 自治体の課題とこれから　逢坂誠二　400円（品切れ）
No.30 内発的発展による地域産業の振興　保母武彦　600円（品切れ）
No.31 地域の産業をどう育てるか　金井一頼　600円 *
No.32 金融改革と地方自治体　宮脇淳　600円 *
No.33 ローカルデモクラシーの統治能力　山口二郎　400円 *
No.34 政策立案過程への戦略計画手法の導入　佐藤克廣　500円 *
No.35 「変革の時」の自治を考える　神原昭子・磯田憲一・大和田健太郎　600円 *
No.36 地方自治のシステム改革　辻山幸宣　400円（品切れ）
No.37 分権時代の政策法務　礒崎初仁　600円 *
No.38 地方分権と法解釈の自治　兼子仁　400円 *

No.39 「近代」の構造転換と新しい「市民社会」への展望　今井弘道　500円 *
No.40 自治基本条例への展望　辻道雅宣　400円 *
No.41 少子高齢社会の自治体の福祉法務　加藤良重　400円 *
No.42 改革の主体は現場にあり　山田孝夫　900円
No.43 自治と分権の政治学　鳴海正泰　1,100円
No.44 公共政策と住民参加　宮本憲一　1,100円 *
No.45 農業を基軸としたまちづくり　小林康雄　800円
No.46 これからの北海道農業とまちづくり　佐藤守　1,000円
No.47 自治の中に自治を求めて　佐藤守　1,000円
No.48 介護保険は何をかえるのか　池田省三　1,100円
No.49 介護保険と広域連合　大西幸雄　1,000円

No.50 自治体職員の政策水準　森啓　1,100円
No.51 分権型社会と条例づくり　篠原一　1,000円
No.52 自治体における政策評価の課題　佐藤克廣　1,000円
No.53 小さな町の議員と自治体　室埼正之　900円
No.55 改正地方自治法とアカウンタビリティ　鈴木庸夫　1,200円
No.56 財政運営と公会計制度　宮脇淳　1,100円
No.57 自治体職員の意識改革を如何にして進めるか　林嘉男　1,000円
No.59 環境自治体とISO　畠山武道　700円
No.60 転型期自治体の発想と手法　松下圭一　900円
No.61 分権の可能性 スコットランドと北海道　山口二郎　600円

No.62 機能重視型政策の分析過程と財務情報　宮脇淳　800円
No.63 自治体の広域連携　佐藤克廣　900円
No.64 分権時代における地域経営　見野全　700円
No.65 町村合併は住民自治の区域の変更である　森啓　800円
No.66 自治体学のすすめ　田村明　900円
No.67 市民・行政・議会のパートナーシップを目指して　松山哲男　700円
No.69 新地方自治法と自治体の自立　井川博　900円
No.70 分権型社会の地方財政　神野直彦　1,000円
No.71 自然と共生した町づくり 宮崎県・綾町　森山喜代香　700円
No.72 情報共有と自治体改革　片山健也　1,000円

【京都府立大学 京都政策研究センターブックレット】

No.3 住民による「まちづくり」の作法　今西一男　1,000円

No.4 格差・貧困社会における市民の権利擁護　金子勝　900円

No.5 法学の考え方・学び方 イェーリングにおける「秤」と「剣」　藤沢実　900円

No.6 今なぜ権利擁護か 住民満足度向上へつなげるネットワークの重要性　高野範城・新村繁文・富田哲　900円

No.7 小規模自治体の可能性を探る　保母武彦・菅野典雄・佐藤力・竹内是俊・松野光伸　1,000円

No.8 小規模自治体の生きる道 連合自治の構築をめざして　神原勝　900円

No.9 文化資産としての美術館利用 地域の教育・文化的生活に資する方法研究と実践　辻みどり・田村奈保子・真歩仁しょうん　900円

No.10 フクシマで"日本国憲法〈前文〉"を読む 家族で語ろう憲法のこと　金井光生　1,000円

【地方自治土曜講座ブックレット】

No.1 現代自治の条件と課題　神原勝　800円

No.2 自治体の政策研究　森啓　500円

No.3 現代政治と地方分権　山口二郎　500円

No.4 行政手続と市民参加　畠山武道　500円

No.5 成熟型社会の地方自治像　間島正秀　500円*

No.6 自治体法務とは何か　木佐茂男　500円*

No.7 自治と参加 アメリカの事例から　佐藤克廣　500円*

No.8 政策開発の現場から　小林勝彦・大石和也・川村喜芳　800円*

No.9 まちづくり・国づくり　五十嵐広三・西尾六七　500円*

No.10 自治体デモクラシーと政策形成　山口二郎　500円*

No.11 自治体理論とは何か　森啓　500円*

No.12 池田サマーセミナーから　間島正秀・福士明・田口晃　500円*

No.13 憲法と地方自治　中村睦男・佐藤克廣　500円（品切れ）

No.14 まちづくりの現場から　斉藤外一・宮嶋望　500円*

No.15 環境問題と当事者　畠山武道・相内俊一　500円*

No.16 情報化時代とまちづくり　千葉純・笹谷幸一　600円（品切れ）

No.17 市民自治の制度開発　神原勝　500円*

No.18 行政の文化化　森啓　600円*

No.19 政策法務と条例　阿部泰隆　600円*

No.20 政策法務と自治体　岡田行雄　600円（品切れ）

No.21 分権時代の自治体経営　北良治・佐藤克廣・大久保尚孝　600円*

No.22 地方分権推進委員会勧告とこれからの地方自治　西尾勝　500円*

No.23 産業廃棄物と法　畠山武道　500円*

No.24 自治体計画の理論と手法　神原勝　600円（品切れ）

No.25 自治体の施策原価と事業別予算　小口進一　600円（品切れ）

No.26 地方分権と地方財政　横山純一　600円（品切れ）

No.40 政務調査費　宮沢昭夫　1,200円（品切れ）

No.41 市民自治の制度開発の課題　山梨学院大学行政研究センター　1,200円

No.42 《改訂版》自治体破たん・「夕張ショック」の本質　橋本行史　1,200円＊

No.43 分権改革と政治改革　西尾勝　1,200円

No.44 自治体人材育成の着眼点　浦野秀一・井澤壽美子・野田邦弘・西村浩・三関浩司・杉谷戸知也・坂口正治・田中富雄　1,200円

No.45 シンポジウム障害と人権　橋本宏子・森田明・湯浅和恵・池原毅和・青木九馬・澤静子・佐々木久美子　1,400円

No.46 地方財政健全化法で財政破綻は阻止できるか　高寄昇三　1,200円

No.47 地方政府と政策法務　加藤良重　1,200円

No.48 政策財務と地方政府　加藤良重　1,400円

No.49 政令指定都市がめざすもの　高寄昇三　1,400円

No.50 良心的裁判員拒否と責任ある参加　市民社会の中の裁判員制度　1,200円

No.51 討議する議会　自治体議会学の構築をめざして　大城聡　1,000円

No.52【増補版】大阪都構想と橋下政治の検証　高寄昇三　1,200円

No.53 虚構・大阪都構想への反論　橋下ポピュリズムと都市主権の対決　編著：所沢市自治基本条例をつくった所沢市議会とともにつくる会　1,400円

No.54 大阪市存続・大阪都粉砕の戦略　地方政治とポピュリズム　高寄昇三　1,200円

No.55「大阪都構想」を越えて　問われる日本の民主主義と地方自治　著（社）大阪自治問題研究所　1,200円

No.56 翼賛議会型政治・地方民主主義への脅威　地域政党と地方マニフェスト　高寄昇三　1,200円

No.57 なぜ自治体職員にきびしい法遵守が求められるのか　加藤良重　1,200円

No.58 東京都区制度の歴史と課題　都区制度問題の考え方　著：栗原利美、編：米倉克良　1,400円

No.59 七ケ浜町（宮城県）で考える「震災復興計画」と住民自治　編著：自治体学会東北YP　1,400円

No.60 市民が取り組んだ条例づくり　市長・職員・市議会とともにつくった所沢市自治基本条例事例に学び、活かしたい5つの成果要因　編著：大阪自治を考える会　800円

No.61 いま、なぜ大阪市の消滅なのか「大都市地域特別区法」の成立と今後の課題　編著：大阪自治を考える会　1,400円

No.62 地方公務員給与は高いのか　非正規職員の正規化をめざして　著：高寄昇三・山本正憲　1,200円

No.63 大阪市廃止・特別区設置の制度設計案を批判する　いま、なぜ大阪市の消滅なのかPart2　編著：大阪自治を考える会　900円

No.64 自治体学とはどのような学か　森啓　1,200円

No.65 通年議会の〈導入〉と〈廃止〉　長崎県議会による全国初の取り組み　松島完　900円

No.66 平成忠臣蔵・泉岳寺景観の危機　吉田朱音・牟田賢明・五十嵐敬喜　800円

No.67 いま一度考えたい大阪市の廃止・分割　その是非を問う住民投票を前に大阪の自治を考える研究会　926円

No.68 地域主体のまちづくりで「自治体職員」が重視すべきこと　事例に学び、活かしたい5つの成果要因　矢代隆嗣　800円

No.69 自治体職員が知っておくべきマイナンバー制度50項　高村弘史　1,200円

No.1 外国人労働者と地域社会の未来　著：桑原靖夫・香川孝三、編：坂本恵　900円

No.2 自治体政策研究ノート［福島大学ブックレット21世紀の市民講座］　今井照　900円

【私たちの世界遺産】

No.1 持続可能な美しい地域づくり
五十嵐敬喜他 1,905円

No.2 地域価値の普遍性とは
五十嵐敬喜・西村幸夫 1,800円

No.3 世界遺産登録・最新事情
長崎・五十嵐敬喜・西村幸夫 1,800円

No.4 新しい世界遺産の登場
南アルプス・南アルプス
五十嵐敬喜・西村幸夫・岩槻邦男・松浦晃一郎 2,000円

[別冊] No.1 ユネスコ憲章と平泉・中尊寺
供養願文
五十嵐敬喜・佐藤弘弥 1,200円

[別冊] No.2 平泉から鎌倉へ
鎌倉は世界遺産になれるか?!
五十嵐敬喜・佐藤弘弥 1,800円

[法政大学人間環境学部・サステイナビリティ・ブックレット]

No.1 生業と地域社会の復興を考える
宮城県石巻市北上町の事例から
西城戸誠・平川全機 900円

【地方自治ジャーナルブックレット】

No.10 自治体職員の能力
自治体職員能力研究会 971円

No.11 自治体の役割
自治体職員能力研究会 1,166円

No.12 パブリックアートは幸せか
山岡義典 1,166円*

No.14 市民が担う自治体公務
パートタイム公務員論研究会 1,359円

No.15 上流文化圏からの挑戦
山梨学院大学行政研究センター 1,166円

No.16 市民自治と直接民主制
高寄昇三 951円

No.17 議会と議員立法
上田章・五十嵐敬喜 1,600円

No.18 分権段階の自治体と政策法務
山梨学院大学行政研究センター 1,456円

No.19 地方分権と補助金改革
高寄昇三 1,200円

分権化時代の広域行政
山梨学院大学行政研究センター 1,200円

No.20 あなたの町の学級編成と地方分権
田嶋義介 1,200円

No.22 ボランティア活動の進展と自治体の役割
山梨学院大学行政研究センター 1,200円

No.23 新版 2時間で学べる「介護保険」
加藤良重 800円

No.24 男女平等社会の実現と自治体の役割
山梨学院大学行政研究センター 1,200円

No.25 市民がつくる東京の環境・公害条例
市民案をつくる会 1,000円

No.26 東京都の「外形標準課税」はなぜ正当なのか
青木宗明・神田誠二 1,000円

No.27 少子高齢化社会における福祉のあり方
山梨学院大学行政研究センター 1,200円

No.28 財政再建団体
橋本行史 1,000円 (品切れ)

No.29 交付税の解体と再編成
高寄昇三 1,000円

No.30 町村議会の活性化
山梨学院大学行政研究センター 1,200円

No.31 地方分権と法定外税
外川伸一 800円

No.32 東京都銀行税判決と課税自主権
高寄昇三 1,200円

No.33 都市型社会と防衛論争
松下圭一 900円

No.34 中心市街地の活性化に向けて
山梨学院大学行政研究センター 1,200円

No.35 自治体企業会計導入の戦略
高寄昇三 1,100円

No.36 行政基本条例の理論と実際
神原勝・佐藤克廣・辻道雅宣 1,100円

No.37 市民文化と自治体文化戦略
松下圭一 800円

No.38 まちづくりの新たな潮流
山梨学院大学行政研究センター 1,200円

No.39 ディスカッション三重の改革
中村征之・大森彌 1,200円

[単行本]

フィンランドを世界一に導いた100の社会改革
編著者 イルカ・タイパレ
訳 山田眞知子　2,800円

公共経営学入門
編著 ボーベル・ラフラー
訳 みえガバナンス研究会
監修 稲澤克祐、紀平美智子　2,500円

変えよう地方議会
〜3・11後の自治に向けて
編著 河北新報社編集局　2,000円

自治体職員研修の法構造
田中孝男　2,800円

自治基本条例は活きているか?!
〜ニセコ町まちづくり基本条例の10年
編 木佐茂男・片山健也・名塚昭　2,000円

国立景観訴訟〜自治が裁かれる
編著 五十嵐敬喜・上原公子　2,800円

成熟と洗練
〜日本再構築ノート
松下圭一　2,500円

地方自治制度「再編論議」の深層
監修・著 木佐茂男
著 青山彰久・国分高史　1,500円

韓国における地方分権改革の分析〜弱い大統領と地域主義の政治経済学
尹誠國　1,400円

自治体国際政策論
〜自治体国際事務の理論と実践
楠本利夫　1,400円

自治体職員の「専門性」概念
〜可視化による能力開発への展開
林奈生子　3,500円

アニメの像VS.アートプロジェクト〜まちとアートの関係史
竹田直樹　1,600円

NPOと行政の《協働》活動における「成果要因」〜成果へのプロセスをいかにマネジメントするか
矢代隆嗣　3,500円

おかいもの革命
消費者と流通販売者の相互学習型プラットホームによる低酸素型社会の創出
編著 おかいもの革命プロジェクト　2,000円

原発再稼働と自治体の選択
原発立地交付金の解剖
高寄昇三　2,200円

「地方創生」で地方消滅は阻止できるか
地方再生策と補助金改革
高寄昇三　2,400円

総合計画の新潮流
自治体経営のトータル・システムの構築
監修・著 玉村雅敏
編集 日本生産性本部　2,400円

総合計画の理論と実務
〜行財政縮小時代の自治体戦略
編著 神原勝・大矢野修　3,400円

自治体の人事評価がよくわかる本
これからの人材マネジメントと人事評価
小堀喜康　1,400円

だれが地域を救えるのか
作られた「地方消滅」
島田恵司　1,700円

分権危惧論の検証
教育・都市計画・福祉を題材にして
編著 嶋田暁文・木佐茂男
著 青木栄一・野口和雄・沼尾波子　2,000円

地方自治の基礎概念
住民、住所・自治体をどうとらえるか?
編著 嶋田暁文・阿部昌樹・木佐茂男
著 太田匡彦・金井利之・飯島淳子　2,600円

松下圭一＊私の仕事——著述目録
松下圭一　1,500円

地域創世への挑戦
住み続けられる地域づくりの処方箋
監修・著 長瀬光市
著 縮小都市研究会　2,600円

市民自治に生きて
自治体議員　挑戦・改革・創造の軌跡
石平春彦　3,500円

自治体広報はプロモーションの時代からコミュニケーションの時代へ
マーケチィングの視点が自治体の行政広報を変える
鈴木勇紀　3,500円

[自治体危機叢書]

2000年分権改革と自治体危機
松下圭一　1,500円

自治体財政破綻の危機・管理
加藤良重　1,400円

自治体連携と受援力
もう国に依存できない
神谷秀之・桜井誠一　1,600円

政策転換への新シナリオ
小口進一　1,500円

住民監査請求制度の危機と課題
田中孝男　1,500円

政府財政支援と被災自治体財政
東日本・阪神大震災と地方財政
高寄昇三　1,600円

震災復旧・復興と「国の壁」
神谷秀之　2,000円

自治体財政のムダを洗い出す
財政再建の処方箋
高寄昇三　2,300円

「官治・集権」から
　　　　「自治・分権」へ

市民・自治体職員・研究者のための
自治・分権テキスト

《出版図書目録 2016.1》

〒120-0002　東京都文京区小石川 5-26-8
TEL　03-3811-5701
FAX　03-3811-5795
mail　info@koujinnotomo.com

公人の友社

- ●ご注文はお近くの書店へ
  小社の本は、書店で取り寄せることができます。
- ●＊印は〈残部僅少〉です。品切れの場合はご容赦ください。
- ●直接注文の場合は
  電話・FAX・メールでお申し込み下さい。
  　　TEL　03-3811-5701
  　　FAX　03-3811-5795
  　　mail　info@koujinnotomo.com
  （送料は実費、価格は本体価格）